Direito Internacional da Segurança

Direito Internacional da Segurança

INTRODUÇÃO
DIREITO INTERNACIONAL SANCIONATÓRIO
DIREITO INTERNACIONAL DOS CONFLITOS ARMADOS
DIREITO INTERNACIONAL HUMANITÁRIO
DIREITO INTERNACIONAL PENAL

2015 - Reimpressão

Jorge Bacelar Gouveia
Catedrático e Coordenador dos Cursos de Doutoramento e Mestrado em Direito e Segurança da Faculdade de Direito da Universidade Nova de Lisboa
Presidente do Instituto de Direito e Segurança
Diretor da Revista de Direito e Segurança
Agregado, Doutor e Mestre em Direito
Advogado e Jurisconsulto

ALMEDINA

DIREITO INTERNACIONAL DA SEGURANÇA
AUTOR
Jorge Bacelar Gouveia
EDITOR
EDIÇÕES ALMEDINA, S.A.
Rua Fernandes Tomás, nºs 76, 78 e 79
3000-167 Coimbra
Tel.: 239 851 904 · Fax: 239 851 901
www.almedina.net · editora@almedina.net
DESIGN DE CAPA
FBA.
PRÉ-IMPRESSÃO
EDIÇÕES ALMEDINA, S.A.
IMPRESSÃO E ACABAMENTO
PAPELMUNDE

Março, 2015
DEPÓSITO LEGAL
365791/13

ALMEDINA | GRUPOALMEDINA

BIBLIOTECA NACIONAL DE PORTUGAL – CATALOGAÇÃO NA PUBLICAÇÃO
GOUVEIA, Jorge Bacelar, 1966-
Direito internacional da segurança. – (Manuais Universitários)
ISBN 978-972-40-5372-1
CDU 341

"Si vis pacem, para bellum"

NOTA PRÉVIA

O presente livro tem uma função primordialmente didática: fornecer elementos de estudo, nos domínios do Direito Internacional da Segurança, aos estudantes dos Cursos de Doutoramento e Mestrado em Direito e Segurança que a Faculdade de Direito da Universidade Nova de Lisboa oferece.

Mas esta é também uma publicação que se afigurará útil a todo um vasto público cada vez mais empenhado em conhecer as orientações fundamentais que o Direito Internacional Público nesta sua vertente contém, sobretudo nos tempos em que a Segurança se mantém na ordem do dia, não apenas ao nível das políticas dos Estados como também no seio da Comunidade Internacional e das suas relações conflituais.

Oxalá este contributo possa fazer renascer o interesse em Portugal pelos temas do Direito Internacional da Segurança, erroneamente reconduzido ao debate jurídico-político realizado pelas grandes potências, em relação ao qual todos os outros países e doutrinas devem ter uma palavra a dizer a partir do momento em que a segurança internacional se convolou numa segurança humana que a todos respeita.

Luanda, 11 de Setembro de 2013.

Jorge Cláudio de Bacelar Gouveia

PLANO

Capítulo I
Introdução

§ 1º A SEGURANÇA NA COMUNIDADE INTERNACIONAL

1. A Comunidade Internacional e as suas relações; a Globalização como novo paradigma

I. A Comunidade Internacional dos tempos atuais, a despeito das legítimas dúvidas que se possam suscitar acerca da sua verdadeira natureza comunitária ou societária, recordando a celebérrima distinção entre *Gemeinschaft* e *Gesellschaft* proposta por Ferdinand Tönnies, apresenta-se cada vez mais num intrincado conjunto de relações que se analisam sob diversos prismas da atividade humana[1].

Não há hoje praticamente nenhuma área do interesse público que lhe escape, desde as clássicas questões político-militares até às matérias de natureza económico-financeira, passando ainda pelos temas de índole social, educacional ou cultural.

Quer isto dizer que o estudo contemporâneo das Relações Internacionais que a Comunidade Internacional proporciona se tornou um domínio científico vasto, ao qual são convocados conhecimentos de diversos âmbitos, tornando o seu estudo uma tarefa abrangente, quando não mesmo verdadeiramente hercúlea.

II. Não é difícil concluir que nunca como hoje se atingiu, quantitativa e qualitativamente, um tão elevado número de assuntos postos à consideração dos membros da Comunidade Internacional, pouco restando para

[1] Cfr. Jorge Bacelar Gouveia, *Manual de Direito Internacional Público,* 3ª ed., Coimbra, 2011, pp. 15 e ss.

o âmbito dos Estados ou para a sua esfera interna de atuação jurídico-pública.

Evidentemente que avulta como explicação fundamental para essa evolução o novo paradigma que a Globalização veio trazer às Relações Internacionais e ao Direito Internacional Público.

Trata-se, na verdade, de um feixe de interações sem qualquer precedente, não obstante experiências anteriores, mais ou menos duradouras, como nos grandes impérios ou nos Descobrimentos, de colocação em relação em larga escala de povos, línguas, economias, culturas ou civilizações.

2. Os conflitos internacionais e a segurança

I. Se é vasta a variedade das relações que se estabelecem na Comunidade Internacional da ótica do respetivo objeto, no contexto marcado por uma Globalização triunfante[2], não deixa do mesmo modo de ser relevante a diferente natureza dessas relações numa outra perspetiva: saber se essas atividades, bilaterais ou multilaterais, são de natureza pacífica ou se, pelo contrário, assumem um jaez adversarial ou mesmo conflitual.

Claro que ambas as naturezas podem ser encontradas, ainda que a resposta a dar pela Comunidade Internacional seja diversa em função da gravidade da sua repercussão na própria subsistência dos sujeitos internacionais: é que as relações internacionais conflituais decerto implicam a rotura com regras aplicáveis e potenciam a própria destruição da Comunidade Internacional...

II. Por isso mesmo, um dos mais relevantes setores tanto das Relações Internacionais como do Direito Internacional Público tem sido o estudo das relações internacionais de conflito, agindo-se tanto preventiva como repressivamente no sentido de os mesmos não oclodirem, ou acontecendo, oferecendo o menor impacto negativo possível.

Ora, a questão da segurança na Comunidade Internacional tem diretamente que ver com um dos mais relevantes tipos de relações interna-

[2] Sobre a Globalização e as suas consequências, v. Jorge Bacelar Gouveia, *Direito Constitucional de Timor-Leste*, Lisboa/Díli, 2012, pp. 537 e ss.

cionais, precisamente aquelas que se assinalam com base nessa natureza conflitual.

Contudo, nem todos os conflitos internacionais são de molde a fazer perigar ou a romper mesmo a segurança internacional, mas naturalmente que esta se posiciona de um modo particular no ambiente de uma relação de cunho conflitual.

III. Não será decerto por acaso que a própria Carta das Nações Unidas – para muitos uma "Constituição Mundial" – estabelece como primeiro objetivo a "paz e a segurança internacionais", dizendo que "Os objetivos das Nações Unidas são: 1) Manter a paz e a segurança internacionais e para esse fim tomar medidas coletivas eficazes para prevenir e afastar ameaças à paz e reprimir os atos de agressão, ou outra qualquer rutura da paz e chegar, por meios pacíficos, e em conformidade com os princípios da justiça e do Direito Internacional, a um ajustamento ou solução de controvérsias ou situações internacionais que possam levar a uma perturbação da paz"[3].

Para esse efeito, a Carta das Nações Unidas fixa como um dos princípios a observar na atividade dos Estados a proibição do uso da força: "Os membros deverão abster-se nas suas relações internacionais de recorrer à ameaça ou ao uso da força, quer seja contra a integridade territorial ou a independência política de um Estado, quer seja de qualquer outro modo incompatível com os objetivos das Nações Unidas"[4].

3. Metamorfose da Segurança Internacional: da segurança político-estadual à segurança humana

I. A configuração da segurança na Comunidade Internacional, apesar do caráter acentuadamente intuitivo do conceito, tem sido alvo de intensos debates e conceções doutrinárias, que têm como ponto focal a colocação da segurança no centro da discussão das relações internacionais conflituais.

[3] Art. 1, nº 1, da Carta das Nações Unidas.

[4] Art. 2, nº 4, da Carta das Nações Unidas.

A tradição tem entendido a segurança internacional no sentido da violação dos direitos e dos bens coletivos dos Estados, estes entendidos a partir dos seus elementos constitutivos, realçando-se sobretudo o elemento territorial – a integridade territorial – e o elemento funcional – o poder público soberano de que disfrutam, nas suas aceções interna e internacional.

A rutura da segurança internacional tem o significado da postergação destes direitos e princípios fundamentais da inserção internacional dos Estados, pondo em crise a sua própria coexistência no seio da Comunidade Internacional.

II. Todavia, a partir dos anos noventa do século XX, surgiu uma outra conceção de segurança internacional que adota uma perspetiva mais compreensiva das questões que lhe subjazem, que é o conceito de *segurança humana*[5].

Essa foi a proposta pioneira do relatório do Programa das Nações Unidas para o Desenvolvimento (PNUD) de 1994 e desde de então têm-se multiplicado a invocação e a densificação de tal conceito, em substituição de um tradicional conceito de segurança político-estadual.

A segurança humana assume-se, portanto, com uma outra configuração, com base na seguinte tipologia de dimensões:

- segurança económica;
- segurança alimentar;
- segurança sanitária;
- segurança ambiental;
- segurança pessoal;
- segurança comunitária;
- segurança política.

[5] Sobre a segurança humana, v. Bruno Jorge Rijo Lamenha Lins, *Segurança, Estado e Direitos Humanos: algumas reflexões acerca do direito humano à segurança sob a égide da sociedade ocidental contemporânea*, in AAVV, *Anais do XIX Encontro Nacional do CONPEDI*, Fortaleza, 2010, pp. 4808 e ss.; Ariana Bazzano de Oliveira, *Desenvolvimento e Segurança: uma relação necessária?*, in AAVV, *II Seminário Nacional de Sociologia & Política*, IV, Curitiba, 2010, pp. 2 e ss.; Francisco Proença Garcia e Mónica Ferro, *A Crise do Estado e a Segurança Internacional*, in *Revista de Direito e Segurança*, ano I, nº 1, Janeiro-Junho de 2013, Lisboa, pp. 38 e ss.

De um modo geral, percebe-se que este conceito de segurança humana é omnicompreensivo, quer em termos de *safety* – "freedom from want" – quer em termos de *security* – "freedom from fear."

III. Igualmente se tem salientado a necessidade de a segurança humana apresentar as seguintes características fundamentais:

1) Universalidade: é um desígnio que deve ser alcançável por todas as pessoas, constituindo uma preocupação universal;
2) Interdependência: é um desígnio que depende também de ações isoladas dos países, sendo certo que atividades locais ou regionais contra a segurança humana também a afetam em termos globais;
3) Prevenção: é um desígnio que pode ser melhor obtido pela ação de medidas preventivas, ao invés do que sucede com medidas puramente repressivas, não tão eficazes e muitas vezes menos eficientes;
4) Humanidade: é um desígnio que se realiza pela medida do ser humana, sendo este o dispasão das providências concretas que venham a ser tomadas para a sua consecução.

IV. É de assinalar o avanço que este novo conceito de segurança humana representa na proteção dos valores fundamentais da Comunidade Internacional, além de corresponder, com felicidade, às suas novas exigências:

- por um lado, o alargamento subjetivo dos seus membros, sendo certo que hoje a Comunidade Internacional se diversificou em protagonistas, não sendo apenas os Estados os detentores de valores que a segurança internacional deve proteger[6];
- por outro lado, a emergência dos direitos humanos determina que os Estados se encontram ao serviço do seu elemento humano – que são as pessoas, cidadãos ou não – e daí se impõe que os bens a proteger, além dos bens comunitários, possam ser também alguns bens individuais mais representativos;
- por fim, a caracterização da sociedades atuais – estadual (*Risikogesellschaft*) e (*Weltrisikogesellschaft*) internacional – como sociedade

[6] Cfr. Jorge Bacelar Gouveia, *Manual de Direito Internacional...*, pp. 517 e ss.

de risco, na esteira da proposta de ULRICH BECK[7], implica que os bens a proteger não sejam apenas os da *security*, mas igualmente sejam os da *safety*, a partir da necessidade de responder a todos os novos riscos que uma sociedade tecnológica tem vindo a potenciar.

[7] Cfr. ULRICH BECK, *La sociedade de riesgo mundial – em busca de la seguridad perdida*, Barcelona, 2008.

§ 2º O DIREITO INTERNACIONAL DA SEGURANÇA

4. A Segurança Internacional e o Direito Internacional Público

I. Naturalmente que o Direito Internacional Público, como *o sistema de princípios e normas, de natureza jurídica, que disciplinam os membros da comunidade internacional, ao agirem numa posição jurídico-pública, no âmbito das suas relações internacionais*, não podia deixar de considerar o tema central da *segurança internacional*.

Daí que o Direito Internacional Público tenha determinado âmbitos específicos de regulação da atividade da Comunidade Internacional considerando a necessidade de garantir elevados padrões de segurança, assim erigida a desiderado deste mesmo setor do Direito.

Contudo, a segurança internacional não é apenas a teleologia fundamental deste capítulo jurídico-internacional, uma vez que também tem vindo a configurar um novo plano institucional e organizatório através da criação de estruturas e de organismos que lidam com uma atividade de produção de segurança internacional e que são hoje indispensáveis.

II. Escusado será esconder que a afirmação do Direito Internacional Público – por maioria de razão tal acontecendo com o Direito Internacional da Segurança – tem sido problemática, sendo de referir até as grandes visões que, mesmo com uma aceitação assimétrica, marcam o entendimento e a força que têm sido atribuídos ao Direito Internacional Público, recordando em cada uma dessas visões o inestimável contributos de três grandes filósofos políticos[8] segundo três diferentes correntes:

- *a corrente hobbesiana*, pela qual os sujeitos internacionais vivem num estado de natureza, todos sendo inimigos recíprocos (*homo homini lupus*), numa aplicação da conceção de THOMAS HOBBES, para quem só o Leviatã poderia impor a ordem ao nível do Estado;
- *a corrente grociana*, perspetiva que, fundada na doutrina de HUGO GRÓCIO, propugna a possibilidade do estabelecimento de relações internacionais numa base de cooperação e reciprocidade, com ganhos comuns e respeito por cada feixe de posições jurídicas;
- *a corrente kantiana*, em que se acredita na construção de um Direito Internacional Público universalista e solidário, dele decorrendo a subordinação dos interesses individuais, de acordo com as propostas de IMMANUEL KANT de um Direito Cosmopolita, superior estádio de sofisticação em relação ao Direito das Gentes[9].

III. Não obstante a maior ou menor pertinência da aplicação destas conceções, julgamos que não estará em causa a afirmação da juridicidade do Direito Internacional Público, nem mesmo a juridicidade do Direito Internacional da Segurança, ainda que este surja porventura como muito mais problemática.

É igualmente de mencionar que de todas estas conceções, provavelmente a conceção hobbesiana poderá considerar-se mais frequente nos momentos de construção e de aplicação do Direito Internacional da Segurança.

[8] Cfr. HEDLEY BULL, *The Anarchical Society: a study of Order in World Politics*, New York, 1977, pp. 24 e ss. Cfr. também GUSTAV RADBRUCH, *Filosofia do Direito*, 6ª ed., Coimbra, 1979, pp. 369 e ss.; ANTONIO CASSESE, *International Law in a divided World*, Oxford, 1986, pp. 31 e 32; JOSÉ ADELINO MALTEZ, *Curso de Relações Internacionais*, Cascais, 2002, pp. 195 e ss.; IVO MIGUEL BARROSO, *O acordo com vista à prática de genocídio – o conceito, os requisitos e o fundamento da punição do «contrato criminal»*, in AAVV, *Estudos em Homenagem ao Professor Doutor Inocêncio Galvão Telles*, V, Coimbra, 2003, pp. 248 e ss.; JOSÉ FRANCISCO REZEK, *Direito Internacional Público – Curso Elementar*, 10ª ed., São Paulo, 2006, pp. 2 e 3.

[9] IMMANUEL KANT, *A Metafísica dos Costumes*, Lisboa, 2005, p. 192: "Este Direito, na medida em que conduz à possível união de todos os povos, com o propósito de estabelecer certas leis universais que presidam à sua possível interrelação, pode ser denominado Direito Cosmopolita (*ius cosmopoliticum*)".

5. A delimitação do Direito Internacional da Segurança

I. Deste modo, é possível conceber-se um *Direito Internacional da Segurança* como capítulo daquele Direito Internacional Público, o qual consiste no *subsistema de normas e princípios de natureza jurídica que estabelecem orientações que regem a atividade dos sujeitos internacionais com vista à segurança internacional, igualmente fixando as sanções aplicáveis em caso de violação desse mesmo regime*:

- um *elemento formal*: o conjunto dos princípios e das normas, com conteúdo jurídico, que entre si se articulam sistematicamente;
- um *elemento material*: o sentido ordenador que se aplica à atividade dos sujeitos internacionais restringindo a sua discricionariedade, através dos mais variados tipos de regras e princípios jurídicos, numa feição essencialmente ablativa;
- um *elemento teleológico*: a finalidade que preside ao estabelecimento das normas e dos princípios que limitam o campo de ação dos sujeitos internacionais, que é a própria segurança internacional, nas modalidades da prevenção, manutenção, reposição ou aprofundamento da mesma.

II. Só que o Direito Internacional da Segurança está longe de se apresentar de um modo uniforme, suscitando-se paralelamente a importância da sua divisão interna em vários capítulos que contêm regulações específicas, podendo exemplificar-se os seguintes:

- o Direito Internacional Sancionatório;
- o Direito Internacional dos Conflitos Armados;
- o Direito Internacional Humanitário; e
- o Direito Internacional Penal.

Isto aqui sucede muito à semelhança do que se passa no Direito Internacional Público, em cujo contexto se pode surpreender um Direito Internacional Geral, depois se recortando muitos Direitos Internacionais Especiais, que em pormenor versam as específicas orientações normativas que se vão impondo ao sabor de preocupações de tipo material e de tipo funcional:

- de *tipo material*, quando se verifica a existência de um capítulo do Direito Internacional Público, num prisma de profundidade regulativa, focando uma realidade bem reduzida, como sucede com o Direito Internacional do Mar ou do Espaço Exterior;
- de *tipo funcional*, quando o Direito Internacional Público especialmente se organiza, numa lógica de transversalidade, para estudar determinada atividade ou função, como é o caso do Direito Internacional das Comunicações ou do Direito Internacional do Comércio.

III. A delimitação externa do Direito Internacional da Segurança permite compreender os setores que, se bem que jurídico-internacionais, se mostram ser afins da regulação pelo mesmo desenvolvida, podendo, porém, ser chamado à compreensão de outros específicos núcleos regulativos dada as suas evidentes afinidades, como sucede com:

- o *Direito Internacional dos Direitos do Homem*: o capítulo jurídico-internacional que procede ao reconhecimento dos direitos do homem, nos seus diversos níveis, e que estabelece as condições adjetivas que permitem a fiscalização do seu acatamento por parte dos Estados[10];
- o *Direito Internacional das Organizações Internacionais*: o capítulo jurídico-internacional que giza a organização e o funcionamento das organizações internacionais, bem como regula as relações que mantêm com outros sujeitos internacionais[11];

[10] Sobre o Direito Internacional dos Direitos do Homem, v. Jorge Campinos, *Direito Internacional dos Direitos do Homem – textos básicos*, Coimbra, 1984, pp. 7 e ss.; Antonio Cassese, *International Law...*, pp. 287 e ss., e *Los derechos humanos en el mundo contemporáneo*, Barcelona, 1993, pp. 17 e ss.; Jorge Bacelar Gouveia, *O estado de exceção no Direito Constitucional – entre a eficiência e a normatividade das estruturas de defesa extraordinária da Constituição*, I, Coimbra, 1998, pp. 254 e ss., *Ensinar Direito Internacional Público*, Coimbra, 2006, pp. 231 e ss., e pp. 303 e ss., e *Manual de Direito Internacional...*, pp. 604 e ss.; Flávia Piovesan, *Direitos humanos e Justiça Internacional*, São Paulo, 2006, pp. 7 e ss.; Fabiana de Oliveira Godinho, *A proteção internacional dos direitos humanos*, Belo Horizonte, 2006, pp. 1 e ss.

[11] Sobre o Direito Internacional das Organizações Internacionais, v. Mario Bettati, *Le Droit des Organisations Internationales*, Paris, 1987, *passim*; João Caupers, *Direito Internacional Público II – sumários*, Lisboa, 1988, *passim*; José A. Pastor Ridruejo, *Curso de Derecho Internacional Público y Organizaciones Internacionales*, 3ª ed., Madrid, 1989, pp. 631 e ss.; Margarida Salema d'Oliveira Martins e Afonso

- o *Direito Internacional Económico e do Desenvolvimento*: o capítulo jurídico-internacional que enquadra as relações económicas internacionais[12] e que produz as regras que se destinam a estimular o desenvolvimento, económico e social, dos Estados do Terceiro Mundo[13];
- o *Direito Internacional Diplomático e Consular*: o capítulo jurídico-internacional que regula as relações diplomáticas e consulares entre os sujeitos internacionais, matéria em que se evidencia o lastro histórico do relacionamento entre os Estados, nele se definindo o sentido, o estatuto e as vicissitudes dessas relações[14];
- o *Direito Internacional dos Espaços*: o capítulo jurídico-internacional que delimita geograficamente os diversos espaços, nacionais e internacionais, fixa o regime dos respetivos aproveitamentos, cruzando a

D'OLIVEIRA MARTINS, *Direito das Organizações Internacionais,* I e II, 2ª ed., Lisboa, 1996; MANUEL DE ALMEIDA RIBEIRO, *A Organização das Nações Unidas,* Coimbra, 1998; MANUEL DÍEZ DE VELASCO, *Las organizaciones internacionales,* 16ª ed., Madrid, 2006, *passim*; AAVV, *Organizações internacionais* (coord. de JOÃO MOTA DE CAMPOS), 2ª ed., Lisboa, 2006, *passim.*

[12] Quanto ao Direito Internacional Económico, v. ANTONIO CASSESE, *International Law...*, pp. 317 e ss.; ALBINO DE AZEVEDO SOARES, *Lições de Direito Internacional Público,* 4ª ed., Coimbra, 1988, pp. 407 e ss.; JOAQUIM DA SILVA CUNHA, *Direito Internacional Público,* III, Lisboa, 1990, pp. 207 e ss.; NGUYEN QUOC DINH, PATRICK DAILLIER e ALAIN PELLET, *Droit International Public,* 7ª ed, Paris, 2002, pp. 1037 e ss.

[13] Sobre o Direito Internacional do Desenvolvimento, v. ANTONIO CASSESE, *International Law...*, pp. 351 e ss.; PIERRE-MARIE DUPUY, *Droit International Public,* Paris, 1992, pp. 445 e ss.; MARIA MANUELA MAGALHÃES SILVA, *Princípios gerais do Direito Internacional do Desenvolvimento,* in AAVV, *Estudos em Homenagem a Joaquim M. da Silva Cunha,* Porto, 1999, pp. 667 e ss.; EDUARDO PAZ FERREIRA, *Valores e interesses – desenvolvimento económico e política comunitária de cooperação,* Coimbra, 2004, pp. 153 e ss.

[14] Sobre o Direito Internacional Diplomático e Consular, v. JOSÉ CALVET DE MAGALHÃES, *Manual Diplomático,* 2ª ed., Lisboa, 1991; EDUARDO VILARIÑO PINTOS, *Curso de Derecho Diplomático y Consular,* 2ª ed., Madrid, 2003; WLADIMIR BRITO, *Direito Consular,* Coimbra, 2004.

soberania estadual com os espaços internacionais, distinguindo-se o mar[15], o ar[16] e o espaço sideral[17].

15 Sobre o Direito Internacional do Mar, v. JORGE BACELAR GOUVEIA, *O direito de passagem inofensiva no novo Direito Internacional do Mar*, Lisboa, 1993, pp. 15 e ss., *Ensinar Direito Internacional...*, pp. 328 e ss., e *Manual de Direito Internacional...*, pp. 688 e ss.; ARMANDO M. MARQUES GUEDES, *Direito do Mar*, 2ª ed., Coimbra, 1998, pp. 65 e ss.; JOSÉ LUÍS MOREIRA DA SILVA, *Direito do Mar, Lisboa*, 2003, pp. 7 e ss.; JOAQUIM DA SILVA CUNHA e MARIA DA ASSUNÇÃO DO VALE PEREIRA, *Manual de Direito Internacional público*, 2ª ed., Coimbra, 2004, pp. 587 e ss.

16 Sobre o Direito Internacional do Ar, v. DINIZ FERREIRA, *Elementos de Aeronáutica Civil Nacional e Internacional*, Lisboa, 1952, pp. 19 e ss.; I. H. PH DIEDERIKS-VERSCHOOR, *An Introduction to Air Law*, 7ª ed., The Hague/London/New York, 2001, pp. 1 e ss.; JOAQUIM DA SILVA CUNHA e MARIA DA ASSUNÇÃO DO VALE PEREIRA, *Manual...*, pp. 680 e ss.; JORGE BACELAR GOUVEIA, *Ensinar Direito Internacional...*, pp. 348 e ss.

17 Sobre o Direito Internacional do Espaço, v. NICOLAS MATEESCO MATTE, *Droit Aérospatial*, Montréal/Paris, 1982; JAIME MARCHÁN, *Derecho Internacional del Espacio – teoría y política*, 2ª ed., Madrid, 1990, *passim*; LÉOPOLD PEYREFITTE, *Droit de l'Espace*, Paris, 1993, pp. 1 e ss.; I. H. PH DIEDERIKS-VERSCHOOR, *An Introduction to Space Law*, 2ª ed., The Hague/London/Boston, 1999, pp. 1 e ss.; BORIS BELITSKY, *International Space Law*, Honolulu, 2000, pp. 9 e ss.; JOAQUIM DA SILVA CUNHA e MARIA DA ASSUNÇÃO DO VALE PEREIRA, *Manual...*, pp. 685 e ss.; BIN CHENG, *Studies in International Space Law*, Oxford, 2004; PAULA VEIGA, *Direito do Espaço Extraterrestre: nota sobre uma nova área do Direito*, in *Boletim da Faculdade de Direito da Universidade de Coimbra*, vol. LXXX, 2004, pp. 403 e ss.; JORGE BACELAR GOUVEIA, *Ensinar Direito Internacional...*, pp. 368 e ss.

Capítulo II

Direito Internacional Sancionatório

§ 3º VIOLAÇÃO E EFETIVIDADE DO DIREITO INTERNACIONAL DA SEGURANÇA

6. A ideia de ilicitude internacional

I. O Direito Internacional Público – como qualquer outro setor jurídico e não fugindo a essa regra o próprio Direito Internacional da Segurança – tem de admitir uma reflexão em sede de patologia, quando as suas orientações não sejam acatadas, registando-se, nessa ocasião, uma desconformidade da atuação dos respetivos sujeitos com os princípios e as normas internacionais aplicáveis[18].

Esta vem a ser uma preocupação muito ampla de identificar, globalmente, tão grande diversidade de situações, sendo necessário assinalar possíveis critérios:

- o *parâmetro internacional violado*;
- a *entidade que perpetrou a infração*;
- as *circunstâncias em que ela ocorreu*.

II. Naturalmente que é necessário afastar desta noção de desconformidade internacional todas as hipóteses em que não está em causa a violação daquele mesmo Direito Internacional Público, sendo contudo visíveis diferentes modos de conceber as relações internacionais.

[18] Cfr., por todos, JORGE BACELAR GOUVEIA, *Manual de Direito Internacional...*, pp. 739 e ss.

É indiscutível que o Direito Internacional Público pode ser visto sob a perspetiva das relações fácticas – militares, económicas, culturais ou outras – que lhe estão subjacentes.

Só que nem sempre elas configuram relações jurídicas internacionais e daí que a violação do Direito Internacional Público só possa ser considerada com natureza jurídica nestes casos, não se confundindo com qualquer outra disputa de interesses, militares ou económicos.

III. O parâmetro a considerar na construção geral da noção de ilicitude internacional – a qual também se aplica, *qua tale*, ao Direito Internacional da Segurança – deve acolher todas as orientações normativo-jurídicas que pertençam àquele Direito, sem qualquer divisão ou exclusão, mormente no plano da fonte ou do elemento sistemático que esteja em causa.

Não estamos perante uma realidade, ainda que aí o seja mais trabalhada, que apenas diga respeito ao mundo mais restrito dos tratados internacionais: outras fontes existem que impõem a respetiva obediência por outras fontes e atos jurídico-normativos.

Em paralelo, não se pode esquecer que o cumprimento do Direito Internacional Público não é apenas levado a cabo pela aplicação de critérios de hierarquia, os quais com facilidade permitem deslindar as múltiplas relações sistemáticas que nele se posicionam: pode haver outros critérios que determinem tais posições de prevalência, a ser consideradas sob o ponto de vista da garantia do Direito Internacional Público.

IV. No plano dos atos que concretizam a relação de desconformidade com o Direito Internacional Público, aceita-se uma máxima abordagem possível, tal a profusão de situações com que se depara, já bem recenseadas no plano do Direito Sancionatório.

Pense-se em toda a gama de atos jurídicos que sejam perpetrados contra o Direito Internacional Público em geral e contra o Direito Internacional da Segurança em especial, independentemente da sua fisionomia:

- atos internacionais e atos internos, com repercussão internacional;
- atos multilaterais e atos unilaterais; ou
- atos de feição normativa e atos sem teor normativo.

Essa é uma violação que se pode suscitar no plano dos atos materiais, que não expressam a formação de atos jurídicos declarativos, sendo nesta hipótese relevante a aplicação dos vários tipos de responsabilidade jurídica.

V. A violação do Direito Internacional Público ou do Direito Internacional da Segurança não tem beneficiado de abundantes qualificações dogmáticas, o mesmo já não se podendo dizer no Direito Interno, em cujos diversos ambientes se avança com o conceito de ilicitude – no Direito Privado – e com os conceitos de inconstitucionalidade, ilegalidade ou antijuridicidade – no Direito Público.

É evidente que a sua importância é muito relativa se for limitada a esta vertente terminológica. O que interessa é recordar que o Direito Internacional Público impõe o respetivo acatamento, verificando-se uma relação de desconformidade – que é juridicamente atuante – e que como tal tem de ser encarada.

A nomenclatura não nos preocupa muito, mas parece ser preferível a expressão *ilicitude*, mesmo sabendo que provém do Direito Privado. As expressões ilegalidade ou inconstitucionalidade são demasiado restritas, enquanto que a de antijuridicidade não tem tradição, se bem que a possamos por vezes empregar, uma vez que é tecnicamente a mais ajustada.

7. As sanções possíveis: desvalor e responsabilidade

I. Perante uma violação do Direito Internacional Público, qualquer que ela seja, a sobrevivência deste setor jurídico, apesar de algumas debilidades que se lhe imputam, está dependente do tipo de resposta que se encontre com o objetivo de eliminar aquela infração internacional.

O tema do Direito Sancionatório não é desconhecido do Direito Interno, mas no Direito Internacional Público, e por maioria de razão no Direito Internacional da Segurança, ainda se encontra numa fase de ténue amadurecimento, o que facilmente se compreende dadas as suas idiossincrasias.

Em qualquer caso, é viável estabelecer uma fundamental contraposição, a operar dentro do Direito Sancionatório Internacional, entre[19]:

- a *desvalorização dos atos jurídico-internacionais praticados*; e
- a *responsabilização dos autores dos referidos atos.*

Questão diferente é a dos mecanismos de que se pode lançar mão para aplicar o Direito Sancionatório, com o intuito de se obter a resolução dos litígios a emergir na sociedade internacional, numa vertente jurídico-adjetiva, do mesmo modo muito relevante.

II. A *desvalorização dos atos jurídico-internacionais* praticados traduz-se na aplicação de consequências que acarretam a respetiva eliminação, o que a Convenção de Viena sobre Tratados entre Estados, de 1969, explicitou através da imposição da sanção da nulidade no âmbito do Direito dos Tratados.

Esta é uma reação que diretamente atinge os atos jurídicos que não estejam conformes com o Direito Internacional Público, a que este responde retirando-lhes a validade e afastando-os, por essa via, do próprio ordenamento jurídico-internacional.

Absorvendo os ensinamentos da Dogmática do Direito Público, são várias as modalidades possíveis, em função da gravidade dos vícios que inquinam as fontes internacionais, ao que não será também alheio o modo como as desvantagens se abatem sobre essas fontes[20]:

- a *inexistência jurídica*: é a situação mais grave de todas, em que nem sequer existe a aparência de um ato jurídico-internacional;
- a *invalidade*: é o desvalor geral e toma as formas de nulidade e de anulabilidade, numa diferenciação em razão do seu grau de gravidade;
- a *irregularidade*: apenas atinge o autor do ato, em nome de um vício que não se repercute no próprio ato.

[19] Cfr. Adriano Moreira, *Direito Internacional Público*, Lisboa, 1983, pp. 142 e 143.

[20] Sobre estas figuras, em geral, no Direito Constitucional, v., por todos, Jorge Bacelar Gouveia, *O valor positivo do ato inconstitucional*, Lisboa, 1992, pp. 27 e ss.

III. A *responsabilidade jurídica* é eixo fundamental a considerar no Direito Sancionatório e reflete a aplicação de consequências desfavoráveis que recaem, não já sobre o ato jurídico ilícito, mas sobre o autor desse mesmo ato, com dois propósitos fundamentais:

- numa perspetiva cumulativa, a acrescer à consequência que já se abateu sobre o ato ilícito e que determinou a sua desvalorização;
- numa perspetiva alternativa, na medida em que a desvalorização do ato jurídico nem sempre é operativa, sobretudo para enfrentar atos materiais.

IV. Esta responsabilidade, por seu lado, apresenta-se sob diversas vestes, de acordo com os ramos do Direito que com ela têm mais trabalhado, podendo ser:

- *responsabilidade penal*: a aplicação de penas de prisão por ter havido comportamentos que configuram crimes;
- *responsabilidade contraordenacional*: a aplicação de penas pecuniárias, num ilícito de natureza administrativa;
- *responsabilidade civil*: o nascimento de um dever de indemnizar – em espécie ou em dinheiro – em reparação dos danos que tenham sido cometidos;
- *responsabilidade disciplinar*: a aplicação de sanções contra as pessoas que subordinadamente se inscrevam numa relação jurídico-laboral, pertencendo a infração cometida a esse âmbito;
- *responsabilidade política*: a produção dos atos de censura e de substituição dos titulares de órgãos que sejam politicamente dependentes quanto à sua subsistência.

Note-se que nos últimos tempos se tem valorizado bastante a responsabilidade, não sendo por acaso que os autores a têm referido com particular vigor:

- como escreve ADRIANO MOREIRA, "...a sanção verdadeira é aquela que atinge os autores dos atos e, por isso, se afirma que o contencioso internacional é um contencioso de responsabilidade"[21]; ou

[21] ADRIANO MOREIRA, *Direito...*, p. 143.

- como bem afirmam NGUYEN QUOC DINH, PATRICK DAILLIER e ALAIN PELLET, "A responsabilidade internacional dos Estados surge como o mecanismo regulador essencial e necessário nas suas relações mútuas"[22].

V. Estes são dois mecanismos de sanção que podem funcionar em conjunto, ainda que, recordando uma célebre tetralogia do Direito Romano, várias hipóteses de conjugação se possam gizar[23]:

- a *lex perfecta*: a lei que prevê a sanção de invalidade para o ato que a infrinja;
- a *lex minus quam perfecta*: a lei que prevê contra a respetiva violação apenas sanções para o seu autor, não já contra o próprio ato praticado;
- a *lex imperfecta*: a lei que não estabelece qualquer sanção que possa reprimir a respetiva violação; e
- a *lex maius quam perfecta*: a lei que prevê contra a sua violação não somente a invalidade do respetivo ato como sanções aplicáveis aos seus autores.

A situação normal é aquela em que se aplicam as duas modalidades de sanções: contra o ato e contra o autor do ato. Não se exclui, porém, que haja a preferência por um desses caminhos, em razão da gravidade da violação cometida ou do grau de aperfeiçoamento das estruturas de verificação da ilicitude internacional.

O que já não é normal é a ocorrência de uma situação de antijuridicidade internacional não provocar a decretação de consequências negativas em resposta a essa violação, seja contra o ato, seja contra o autor do ato, o que só a título excecional se concebe com a figura do valor positivo dos atos antijurídicos.

[22] NGUYEN QUOC DINH, PATRICK DAILLIER e ALAIN PELLET, *Droit...*, p. 762.

[23] Sobre esta classificação de leis em razão das sanções aplicáveis contra a sua violação, v. JOÃO DE CASTRO MENDES, *História do Direito Romano*, Lisboa, 1958, pp. 342 e ss., e *Introdução ao Estudo do Direito*, Lisboa, 1984, p. 81; JOÃO BATISTA MACHADO, *Introdução ao Direito e ao Discurso Legitimador*, Coimbra, 1983, pp. 95 e 96; JORGE BACELAR GOUVEIA, *O valor positivo...*, p. 20; JOSÉ DE OLIVEIRA ASCENSÃO, *O Direito – Introdução e Teoria Geral*, 11ª ed., Coimbra, 2001, p. 116.

§ 4º A RESOLUÇÃO DAS CONTROVÉRSIAS INTERNACIONAIS

8. As vias de resolução das controvérsias internacionais e a preferência pelos meios pacíficos

I. Inevitável dimensão de qualquer setor jurídico é a que se ocupa da sua efetividade, que se vê em situações de crise, perante a violação das respetivas disposições.

Não é de espantar que a garantia do Direito Internacional Público – o mesmo se podendo dizer do Direito Internacional da Segurança – venha a assumir um particular relevo numa vertente adjetiva, dela dependendo a sua capacidade de controlo da atividade internacional.

II. A solução dos conflitos internacionais, em geral, pode percorrer dois caminhos distintos[24]:

- uma *via pacífica*, sem o recurso à coerção; e
- uma *via bélica*, através do recurso à força.

Na primeira destas duas vias, a modalidade que se coloca com maior relevância – e que sempre tem sido preferida – é a da *solução política dos conflitos internacionais*, ela pressupondo a adoção de esquemas que passam apenas pelos respetivos sujeitos, sem que se imponha recorrer a estruturas de tipo jurisdicional.

[24] Cfr. Jorge Bacelar Gouveia, *Manual de Direito Internacional...*, pp. 745 e ss.

Para esta via política de solução dos conflitos se posiciona a Carta das Nações Unidas, ao pressupor a sua atividade na lógica do princípio de que os membros da Organização das Nações Unidas regulam os seus diferendos internacionais pelos meios pacíficos em que os mesmos colaborem[25].

Como também não é de estranhar que muitas vezes estes meios políticos sejam desenvolvidos ao abrigo desta organização internacional, através dos seus órgãos Conselho de Segurança e Assembleia Geral, numa via tanto recomendatória como coativa[26].

III. Nessa ótica garantística, o Direito Internacional Público tem sido muito sensível à *resolução pacífica das controvérsias internacionais*, não sendo preciso, nesse caso, recorrer à força para a imposição das soluções[27].

[25] Embora certos autores distingam, dentro da via pacífica, entre os meios políticos e os meios diplomáticos. Contudo, não parece haver um determinante fundamento para essa separação, como é o próprio JOSÉ FRANCISCO REZEK (*Direito...*, p. 339) a admitir, jusinternacionalista que propugna tal dissociação: "É usual que se denominem *meios políticos* de solução de conflitos internacionais os mecanismos existentes no âmbito dessas organizações. Eles pouco diferem dos meios diplomáticos no que tange à plasticidade de sua operação e de seus resultados. Aqueles, a seu turno, poder-se-iam também qualificar como políticos, dado que a política é o substrato maior da diplomacia em qualquer circunstância, mas notadamente num quadro conflituoso. Uns e outros – os meios diplomáticos e os chamados meios políticos – identificam-se entre si, e distinguem-se dos meios jurisdicionais, pelo fato de faltar-lhes um compromisso elementar com o primado do Direito".

[26] Como refere JOSÉ FRANCISCO REZEK (*Direito...*, p. 347), frisando a importância da intervenção da ONU através do seu Conselho de Segurança, "O foro político representado pelo Conselho de Segurança da ONU possui indiscutível mérito como desaguadouro de tensões internacionais, e só a publicidade assegurada por sua consagração a certo litígio tem contribuído grandemente com a causa da paz, na medida em que fomenta uma consciência crítica na opinião pública e dá ensejo à manifestação construtiva dos Estados neutros".

[27] Sobre os vários meios de resolução dos conflitos, v. PAUL REUTER, *Direito Internacional Público,* Lisboa, 1981, pp. 245 e ss.; ADRIANO MOREIRA, *Direito...*, pp. 146 e ss.; B. S. MURTY, *Solución de las controversias,* in AAVV, *Manual de Derecho Internacional Público* (ed. por MAX SORENSEN), Cidade do México, 1985, pp. 627 e ss.; ALBINO DE AZEVEDO SOARES, *Lições...*, pp. 426 e 427; J. G. STARKE, *Introduction to International Law,* 10ª ed., London, 1989, pp. 485 e ss.; JOAQUIM DA SILVA CUNHA, *Direito Internacional...*, III, pp. 161 e ss.; NUNO E SOUSA, *Curso de Direito Internacional Público,* Coimbra, 1991, pp. 210 e ss.; PIERRE-MARIE DUPUY, *Droit International Public*, Paris,

Isso mesmo se pode ler na Carta das Nações Unidas: "As partes numa controvérsia, que possa vir a constituir uma ameaça à paz e à segurança internacionais, procurarão, antes de tudo, chegar a uma solução por negociação, inquérito, mediação, conciliação, arbitragem, via judicial, recurso a organizações ou acordos regionais, ou qualquer outro meio pacífico à sua escolha"[28].

9. A resolução política das controvérsias internacionais

I. São vários os mecanismos de resolução pacífica política das controvérsias internacionais[29]:

– a *negociação*;

1992, pp. 373 e ss.; Armando M. Marques Guedes, *Direito Internacional Público,* 2ª ed., Lisboa, 1992, pp. 277 e ss.; René-Jean Dupuy, *O Direito Internacional,* Coimbra, 1993, pp. 95 e ss.; Jean Touscoz, *Direito Internacional,* Lisboa, 1993, pp. 334 e ss.; André Gonçalves Pereira e Fausto de Quadros, *Manual de Direito Internacional Público,* 3ª ed., Coimbra, 1993, pp. 511 e ss.; Adherbal Meira Mattos, *Direito Internacional Público,* 2ª ed., Rio de Janeiro/São Paulo, 2002, pp. 449 e ss.; Nguyen Quoc Dinh, Patrick Daillier e Alain Pellet, *Droit...,* pp. 821 e ss.; Francisco Ferreira de Almeida, *Direito Internacional Público,* 2ª ed., Coimbra, 2003, pp. 359 e ss.; Malcolm N. Shaw, *International Law,* 5ª ed, Cambridge, 2003, pp. 914 e ss.; José Luís Moreira da Silva, *Direito dos Conflitos Internacionais,* Lisboa, 2003, pp. 27 e ss., e pp. 41 e ss.; Jorge Miranda, *Curso de Direito Internacional Público,* 3ª ed., Cascais, 2006, pp. 261 e ss.; Elizabeth Accioly, *Sistema de solução de controvérsias em blocos económicos,* Coimbra, 2004, pp. 29 e ss.; Eduardo Correia Batista, *Direito Internacional Público – sujeitos e responsabilidade,* II, Lisboa, 2004, pp. 559 e ss.; José Francisco Rezek, *Direito...,* pp. 335 e ss.; Valério de Oliveira Mazzuoli, *Curso de Direito Internacional Público,* São Paulo, 2006, pp. 612 e ss.; António Silva Ribeiro, *Teoria Geral da Estratégia – o essencial ao processo estratégico,* Coimbra, 2010, pp. 209 e ss.

[28] Art. 33º, nº 1, da Carta das Nações Unidas. Cfr. também o art. 24º da Carta da Organização dos Estados Americanos, numa formulação até mais perfeita.

[29] Cfr. Adriano Moreira, *Direito...,* pp. 146 e ss.; Michael Akehurst, *Introdução ao Direito Internacional,* Coimbra, 1985, pp. 249 e ss.; Joaquim da Silva Cunha, *Direito Internacional...,* III, pp. 170 e ss.; Armando M. Marques Guedes, *Direito...,* pp. 278 e ss.; Nguyen Quoc Dinh, Patrick Daillier e Alain Pellet, *Droit...,* pp. 828 e ss.; Francisco Ferreira de Almeida, *Direito...,* pp. 361 e ss.; Jorge Miranda, *Curso...,* pp. 261 e ss.; Eduardo Correia Batista, *Direito Internacional...,* II, pp. 564 e ss.; José Francisco Rezek, *Direito...,* pp. 339 e ss.

- os *bons ofícios*;
- a *mediação*;
- o *inquérito*; e
- a *conciliação*.

II. A *negociação* é o esquema mais simples e direto, partindo do pressuposto de que a resolução do litígio deve aconselhar o entabular de conversações entre as partes desavindas, para, bem conhecendo o pomo da discórdia, se chegar a um entendimento, que pode assumir a modalidade de um sistema de consultas[30], podendo dela decorrer três resultados: a transação, a aquiescência e a desistência[31].

Os *bons ofícios* integram já a intervenção de uma entidade exterior às partes em conflito, que assume o relevante papel de as aproximar e de as colocar em discussão, ainda que nesta não participando diretamente, nem sequer lhe competindo sugerir qualquer solução para o conflito, apresentando-se nesta hipótese como igualmente essencial o entendimento direto das partes na contenda, como sucede na negociação[32].

A *mediação* também postula a intervenção de uma entidade estranha ao conflito, mas desta feita com um papel ativo, propondo soluções no sentido de virem a ser aceites pelas partes, com intervenção, assim, no procedimento negocial, não sendo o seu relevo meramente instrumental, embora deva contar com a anuência das partes em dissídio[33].

O *inquérito* repousa na convicção de que a discórdia entre sujeitos internacionais assenta muitas vezes no desconhecimento dos factos praticados, pelo que se impõe a respetiva averiguação por parte de alguém que lhes é exterior[34], formando uma comissão de inquérito, ainda que

[30] Cfr. a especificação de José Francisco Rezek, *Direito...*, p. 342.

[31] Cfr. Albino de Azevedo Soares, *Lições...*, p. 426; José Francisco Rezek, *Direito...*, p. 340.

[32] Exemplos: o papel dos Estados Unidos da América na aproximação entre o Egito e Israel, que originou o Acordo de Camp David, em 1979, ou o papel da França na celebração dos acordos entre os Estados Unidos da América e o Vietname, em 1973.

[33] Exemplo: a mediação do Papa João Paulo II no conflito entre a Argentina e o Chile acerca do Canal de Beagle, em 1981.

[34] Cfr. José Francisco Rezek, *Direito...*, p. 345.

este seja um mecanismo que se vê limitado na sua utilidade a dissensos a respeito de dados de facto, não já de teor hermenêutico[35].

A *conciliação* traduz-se na formação de uma comissão, em número ímpar e composta por elementos indicados pelas partes em causa e por partes neutras, que possa analisar a natureza e os pormenores do conflito, incumbindo-lhe propor uma solução jurídica, apresentando-se como esquema mais formal e complexo relativamente à ideia de mediação, que lhe está na génese, estando consagrado nalguns recentes textos internacionais[36].

10. A resolução jurisdicional das controvérsias internacionais

I. A resolução dos conflitos internacionais pode também operar-se por intermédio de processos de *cunho jurisdicional*, indo assim além de esquemas de natureza política.

Neste caso, pressupõe-se já a intervenção de entidades independentes, que agirão segundo a veste própria da função jurisdicional, nas suas características de independência e de imparcialidade relativamente às partes em conflito, e aplicando parâmetros jurídicos, com base num processo contraditório[37].

A despeito de obviamente dela se aproximar, estamos longe de poder equiparar esta via jurisdicional de resolução dos conflitos ao exercício da função jurisdicional conhecida do Direito Interno, pois que aquela ainda assenta no dogma da vontade dos Estados de se lhe submeterem, seja diretamente na constituição dos tribunais arbitrais, seja mediatamente pela vinculação aos tratados que possam determinar a sua aplicação, *maxime* os tribunais internacionais[38].

[35] Exemplo: a comissão de inquérito prevista na Convenção da Haia de 1907 no caso da necessidade do esclarecimento de factos.

[36] Exemplos: a Convenção de Viena sobre o Direito dos Tratados entre Estados, no art. 66º, e a Convenção das Nações Unidas sobre Direito do Mar, no art. 284º.

[37] Assim definindo a função jurisdicional como meio de resolução de conflitos internacionais, NGUYEN QUOC DINH, PATRICK DAILLIER e ALAIN PELLET, *Droit...*, p. 862.

[38] Cfr. NGUYEN QUOC DINH, PATRICK DAILLIER e ALAIN PELLET, *Droit...*, p. 863.

A *solução jurisdicional dos conflitos* pode subdividir-se, tal como sucede no Direito Interno, entre[39]:

- a *via arbitral*; e
- a *via judicial*[40].

II. A *via arbitral*, historicamente antecedendo a via judicial, consiste na resolução do litígio a partir da formação de um tribunal arbitral, que tem como particularidade, não estando integrado no poder judicial público, a indicação voluntária dos árbitros, bem como o seu limitado número, para além de poder incluir a respetiva regulamentação, substantiva e adjetiva[41].

Os *tribunais arbitrais* podem apresentar-se sob duas modalidades, ganhando crescentemente sentido os da segunda espécie:

- como tribunais arbitrais *ad hoc*; e
- como tribunais arbitrais permanentes.

Os *tribunais arbitrais ad hoc* são apenas constituídos, assim funcionando, para a resolução de um específico litígio, em razão do qual ganharam a sua razão de ser. Encontrada a decisão arbitral, esse tribunal extingue-se.

Os *tribunais arbitrais permanentes* existem continuamente, estando já parcialmente pré-definidos, aos mesmos as partes recorrendo para lhes pedir uma específica intervenção na composição do conflito que entre elas surgiu e querem ver solucionado.

[39] Cfr. Adriano Moreira, *Direito...*, pp. 148 e ss.; Michael Akehurst, *Introdução...*, pp. 253 e ss.; Albino de Azevedo Soares, *Lições...*, pp. 427 e 428; Joaquim da Silva Cunha, *Direito Internacional...*, III, pp. 163 e ss.; Armando M. Marques Guedes, *Direito...*, pp. 285 e ss.; Francisco Ferreira de Almeida, *Direito...*, pp. 364 e ss.; Eduardo Correia Batista, *Direito Internacional...*, II, pp. 569 e ss.; José Francisco Rezek, *Direito...*, pp. 349 e ss.

[40] Quanto aos termos da distinção entre tribunais arbitrais e tribunais judiciais, tal como ela se foi desenvolvendo no Direito Interno, v. João de Castro Mendes, *Direito Processual Civil*, I, Lisboa, 1986, pp. 328 e ss.; José Lebre de Freitas, *Introdução ao Processo Civil – conceito e princípios gerais*, Coimbra, 1996, pp. 66 e ss.; Othmar Jauernig, *Direito Processual Civil*, Coimbra, 2002, pp. 461 e ss.

[41] Como escreve João de Castro Mendes (*Direito Processual...*, I, p. 328), "A nota característica do tribunal arbitral cremos ser esta: a de que *a sua competência para o caso concreto depende da aceitação e vontade de ambas as partes*, expressa num negócio jurídico que tem o nome de *compromisso arbitral*".

A estrutura dos tribunais arbitrais é variável, tendo evoluído de um árbitro único a uma comissão mista, embora prevalecendo hoje o tribunal colegial, num número ímpar de membros[42].

Os tribunais arbitrais decidem em instância única, deles não havendo recurso para os tribunais comuns, a não ser situações de nulidade muito grave, podendo ainda receber pedidos de aclaração das respetivas decisões[43].

As decisões arbitrais são obrigatórias e definitivas, como as decisões dos tribunais judiciais, mas não dispõem de executoriedade, não sendo os tribunais arbitrais dotados de meios coercivos para aplicar as decisões[44], embora se parta do pressuposto de que o fundamento de uma decisão arbitral inclui o acatamento do sentido da solução que for encontrada para o litígio.

A utilização do tribunal arbitral pode ainda ser titulada por três possíveis fontes, devendo assentar na vontade das partes que assim decidem resolver o seu litígio, dizendo-se a primeira *arbitragem facultativa* e as outras duas *arbitragem obrigatória*[45]:

- o *compromisso arbitral*: sempre que as partes, levantado um litígio, entendam submeter a respetiva resolução a um tribunal arbitral a constituir;
- a *cláusula arbitral*: sempre que os litígios resultantes da interpretação ou aplicação de certo tratado devam ser antecipadamente resolvidos por tribunal arbitral, por força de uma das suas cláusulas, que assim o prevê;
- a *convenção geral de arbitragem*: sempre que as respetivas partes assumam a vontade de resolver os litígios entre si emergentes, relativos a diversos tratados celebrados, de acordo com o tribunal arbitral naquela previsto.

[42] Cfr. Nguyen Quoc Dinh, Patrick Daillier e Alain Pellet, *Droit...*, pp. 875 e ss.

[43] Cfr. José Francisco Rezek, *Direito...*, p. 353.

[44] Cfr. José Francisco Rezek, *Direito...*, p. 354.

[45] Cfr. Albino de Azevedo Soares, *Lições...*, p. 428; Nguyen Quoc Dinh, Patrick Daillier e Alain Pellet, *Droit...*, pp. 870 e ss.

III. A *via judicial* representa a resolução do litígio a partir da intervenção de tribunais judiciais, estruturas permanentes e integradas no poder judicial internacional.

Diferentemente do que sucede com os tribunais arbitrais, nos tribunais judiciais as partes em conflito não interferem na escolha dos juízes, que formam um corpo próprio e estável.

Por outro lado, as suas decisões são proferidas nos termos das regras processuais aplicáveis, em razão do estatuto internacional que prevê tais tribunais.

IV. A tendência geral do Direito Internacional Público vai no sentido da intensificação da resolução dos conflitos pela via jurisdicional, sendo apreciáveis os múltiplos exemplos que testemunham essa tendência.

E, algo curiosamente, o recurso crescente às soluções jurisdicionais faz-se, ao mesmo tempo, com um sentido ambivalente que se retira de cada uma daquelas duas mencionadas vias:

- há mais e mais tribunais arbitrais, essencialmente para as questões de índole económica; e
- há mais e mais tribunais judiciais, essencialmente para as questões político-humanitárias.

11. A crescente judicialização da repressão da ilicitude internacional

I. Para além da perspetiva de equacionar a resolução dos conflitos internacionais tanto pela via política como pela via jurisdicional, o certo é que a afirmação do Direito Internacional Público tem ficado muito dependente da sua associação à criação de tribunais internacionais[46].

Felizmente que essa também foi a senda que se consolidaria no século XX, noutro aspeto a merecer lembrança no período moderno do Direito Internacional Público, por contraste com o período clássico.

É verdade que nem todas as experiências foram bem sucedidas. Mas também não é menos verdade que permitiram lançar os caboucos de um futuro sólido na criação e na efetividade dos tribunais que se conhecem.

[46] Cfr. Délber Andrade Lage, *A jurisdicionalização do Direito Internacional*, Belo Horizonte, 2009, pp. 115 e ss.; Maria José Rangel de Mesquita, *Justiça Internacional – Lições*, Lisboa, 2010, pp. 89 e ss.

José Francisco Rezek recorda como primeiro tribunal judicial internacional o Tribunal de Justiça Centro-Americano, criado por tratado celebrado em 20 de dezembro de 1907 entre a Costa Rica, El Salvador, a Guatemala, as Honduras e a Nicarágua, com uma jurisdição geográfica regional, experiência que duraria dez anos[47].

II. Assim se aceita que a evolução do Direito Internacional Público no século XX fique assinalada pela criação de vários tribunais internacionais, de acordo com lógicas distintas, em função da aplicação de vários dos seus capítulos, de que cumpre evidenciar as seguintes categorias[48]:

- os tribunais internacionais institucionais;
- os tribunais internacionais penais;
- os tribunais internacionais económicos;
- os tribunais internacionais de direitos do homem.

III. A adoção de tribunais internacionais tem sido uma importante prática, com um êxito razoável, ao nível da integração económica, sendo de referir tanto a experiência europeia do Direito da União Europeia como a experiência mundial no âmbito da Organização Internacional do Comércio, em que existem estruturas para-judiciais.

A aplicação do Direito Internacional Económico, da Cooperação e do Desenvolvimento, deste modo, pressupõe estruturas de proteção judicial, até para conferir maior confiança aos agentes económicos, ao mesmo tempo agilizando as operações económicas internacionais.

O Tribunal de Justiça da União Europeia foi uma criação inicial do Tratado de Roma, cabendo-lhe a missão de velar pelo respeito do Direito da União Europeia, num estatuto que se aperfeiçoaria nos tratados seguintes.

IV. A existência de tribunais internacionais igualmente aconteceria no âmbito da proteção dos direitos humanos, no estrito fito de se conferir uma efetividade adjetiva acrescida às respetivas declarações de direitos.

[47] Cfr. José Francisco Rezek, *Direito...*, pp. 354 e 355.

[48] Sobre alguns destes importantes tribunais internacionais, v., por todos, Nguyen Quoc Dinh, Patrick Daillier e Alain Pellet, *Droit...*, pp. 912 e ss.

Qualquer sistema internacional de defesa dos direitos humanos beneficia muito de bons mecanismos de verificação da sua observância, mas nem todos são propriamente eficazes nesse seu papel, diversos os caminhos que têm sido gizados para se lograr alcançar esse objetivo.

A criação de tribunais internacionais de direitos humanos, até ao momento, correspondeu ao grau mais avançado que o Direito Internacional Público conhece nesse setor:

- não só determina a passagem da autoridade para identificar essas violações de um nível interno para um nível supraestadual;
- como também lhe permite aplicar as sanções que lhe caibam, que são existentes e assim também processualmente plausíveis.

O sistema europeu de direitos do homem, tendo sido o primeiro na respetiva criação substantiva, foi também o primeiro do ponto de vista adjetivo, designadamente quanto à criação do Tribunal Europeia dos Direitos do Homem. E essa originalidade saiu muito reforçada com a reforma que se operou pelo Protocolo Adicional nº 11 na Convenção Europeia dos Direitos do Homem, que unificou a defesa contra a violação dos direitos humanos numa única estrutura: aquele Tribunal Europeu, com a abolição da Comissão Eueopeia dos Direitos do Homem.

O sistema americano de direitos do homem também conta com a criação de um tribunal – o Tribunal Interamericano de Direitos do Homem – que desenvolve importantes funções de repressão da violação dos direitos humanos consagrados na Comissão Interamericana de Direitos do Homem.

V. A sofisticação jurídico-normativa do Direito Internacional do Mar, em grande medida potenciado pela codificação global que se operou com a elaboração da Convenção das Nações Unidas sobre o Direito do Mar, também propiciaria a criação de um tribunal próprio para estes litígios[49]: o Tribunal Internacional do Direito do Mar[50].

O Ttribunal Internacional do Direito do Mar é composto por 21 juízes e tem sede na cidade alemã de Hamburgo, ao mesmo acedendo não

[49] Arts. 279º e ss. da Convenção das Nações Unidas sobre o Direito do Mar e o seu Anexo VI, com o Estatuto do Tribunal Internacional do Direito do Mar.

[50] Sobre o Tribunal Internacional do Direito do Mar, v. José Francisco Rezek, *Direito...*, p. 366.

apenas os Estados, mas também a Autoridade Internacional dos Fundos Marinhos e a empresa que esta pode criar, para além de entidades privadas a ela vinculadas.

A competência do Tribunal Internacional do Direito do Mar é contenciosa e consultiva, naquele caso expressamente considerando uma competência cautelar obrigatória, no que traduz um importante avanço relativamente ao Tribunal Internacional de Justiça[51].

[51] Com esta opinião, José Francisco Rezek, *Direito...*, p. 366. Cfr. o art. 290º da Convenção das Nações Unidas sobre o Direito do Mar.

Capítulo III

Direito Internacional dos Conflitos Armados

§ 5º A CONDENAÇÃO INTERNACIONAL DA GUERRA

12. A evolução ético-doutrinal sobre a licitude da guerra

I. A garantia do Direito Internacional Público e do Direito Internacional da Segurança não passa apenas pela afirmação de um processo de cunho jurisdicional, que dê segurança jurídica e imparcialidade decisória – a garantia do Direito Internacional Público e da Segurança alimenta-se ainda da possibilidade de responder, substantivamente, contra as violações de que seja alvo, no quadro do Direito Sancionatório material, no contexto do Direito Internacional dos Conflitos Armados[52].

Neste contexto, um dos temas mais emblemáticos da singularidade do Direito Internacional Público tem sido o uso e a condenação da força, com múltiplas perspetivas de análise, de que se evidenciam duas:

- a *perspetiva filosófico-jurídica*; e
- a *perspetiva jurídico-internacional.*

[52] Sobre o Direito Internacional dos Conflitos Armados, v. ANTONIO CASSESE, *International Law...*, pp. 253 e ss.; JOAQUIM DA SILVA CUNHA, *Direito Internacional...*, III, pp. 161 e ss.; ARMANDO M. MARQUES GUEDES, *Direito...*, pp. 230 e ss.; NGUYEN QUOC DINH, PATRICK DAILLIER e ALAIN PELLET, *Droit...*, pp. 963 e ss.; JOSÉ LUÍS MOREIRA DA SILVA, *Direito dos Conflitos...*, pp. 7 e ss.; ELÍSIO BORGES MAIA, *Armas nucleares e Direito Internacional*, Coimbra, 2003, pp. 11 e ss.; ORIOL CASANOVAS Y LA ROSA, *El princípio de la prohibición del uso de la fuerza*, in MANUEL DÍEZ DE VELASCO, *Instituciones de Derecho Internacional Público*, 16ª ed., Madrid, 2007, pp. 1033 e ss.

Não pode, pois, causar admiração ter sido este um dos grandes temas do Direito Internacional ao longo da sua história, não se olvidando que foi por sua causa que muitos se aproximaram – e que se afastaram – do Direito Internacional.

II. Do ponto de vista *filosófico-jurídico*, a questão do uso da guerra foi sempre tema para múltiplas elucubrações de especialistas, permitindo mesmo elevados níveis de cientificidade, que só beneficiaram o próprio Direito Internacional Público e o contexto geral em que vive[53].

Sendo o uso da força uma necessidade de proteção dos sujeitos internacionais, sobretudo dos Estados dadas as condições favoráveis de poder fáctico que possuem, nunca deixou de se questionar em que circunstâncias o lançar mão da guerra se consideraria admissível, com vários contributos a registar, alguns deles merecendo uma sintética alusão.

A relevância jurídica da guerra situou-se, num primeiro momento, ao nível doutrinário e político, com inúmeras opiniões de autores sobre esta problemática, tendo essas opiniões de comum o estabelecimento de condições para a sua legitimidade, quando não mesmo a sua abolição como instrumento de atuação internacional dos Estados[54].

[53] Para uma ilustração acerca deste enquadramento ético-filosófico, v. Giorgio del Vecchio, *Direito e Paz*, Braga, 1968, pp. 183 e ss.; Gustav Radbruch, *Filosofia do Direito*, pp. 383 e ss.; Armando M. Marques Guedes, *Direito...*, pp. 230 e ss.; António Cabral de Moncada, *Curso de Direito Internacional Público*, I, Coimbra, 1996, pp. 79 e ss.; António Pedro Barbas Homem, *História das Relações Internacionais – o Direito e as conceções políticas na Idade Moderna*, Coimbra, 2003, pp. 183 e ss.

[54] Com alguns lampejos acerca desta evolução: Giorgio del Vecchio, *Direito e Paz*, pp. 207 e ss.; Hans Kelsen, *Teoria Geral do Direito e do Estado*, São Paulo, 1990, pp. 323 e ss.; Armando M. Marques Guedes, *Direito Internacional...*, pp. 230 e ss.; Anthony Clark Arend e Robert J. Beck, *International Law & the use of force*, London, 1993, pp. 11 e ss.; Alejandro J. Rodríguez Carrión, *Leciones...*, pp. 524 e 525; António Cabral de Moncada, *Curso...*, I, pp. 80 e 81; Jorge Bacelar Gouveia, *O estado de exceção no Direito Constitucional – entre a eficiência e a normatividade das estruturas de defesa extraordinária da Constituição*, II, Coimbra, 1998, pp. 1334 e ss.; Malcolm N. Shaw, *International...*, pp. 1013 e ss.; Wladimir Brito, *A Guerra e a Segurança Internacional*, in *Scientia Iuridica*, tomo LIX, 2010, nº 323, pp. 411 e ss.

III. Ao pensamento cristão coube a tarefa do enquadramento ético--jurídico da guerra justa: SANTO AGOSTINHO defendia aquela que se exercia em defesa da paz contra a agressão ou para o seu restabelecimento[55].

SÃO TOMÁS DE AQUINO elaborou um conceito próximo, ainda que lhe introduzisse uma dimensão de subsidiariedade, esteando a guerra em três características:

- (i) conduzida pela autoridade soberana (*auctoritas principis*);
- (ii) acompanhada por uma justa causa (*causa iusta*), como a intenção de punir os prevaricadores; e
- (iii) desde que devidamente animada pelas boas intenções por parte dos beligerantes (*reta intentio*)[56].

IV. Com a igualização das relações internacionais depois da Paz de Westefália, "nacionalizou-se" também o conceito de guerra, que surgiu intimamente ligado à defesa das soberanias então emergentes, já como um dos direitos dos Estados e não tanto conexo com considerações ético--jurídicas.

HUGO GRÓCIO também escreveria a este propósito, defendendo o uso da força como instrumento de política estadual, para a proteção dos direitos dos Estados e para proteção dos cidadãos, numa evidente senda, de tipo racionalista, de limitação do uso da força[57].

Ainda a IMMANUEL KANT se ficou a dever um interessante contributo neste domínio[58]. A conceção de fundo do filósofo de Königsberg radicava na necessidade da abolição da guerra, através da adoção de um estado de paz, que – não sendo suficiente considerar como a omissão de hostilidades – implicava uma intenção específica, com a adoção de três condições reputadas fundamentais para se alcançar tal intento, numa visão harmó-

[55] Cfr. SANTO AGOSTINHO, *Da Cidade de Deus*, III, Lisboa, 1995, pp. 1909 e ss.

[56] Cfr. SÃO TOMÁS DE AQUINO, *Summa Theologiae*, vol. III, 3ª ed., Madrid, 1963, pp. 268 e ss. (2.2., questão 40).

[57] Escreveria HUGO GRÓCIO (*Del Derecho de presa – Del Derecho de la Guerra y de la Paz*, Madrid, 1987, p. 41): "...não deve empreender-se a guerra senão para conseguir o direito e que, uma vez iniciada esta, deve ser prosseguida segundo a forma do direito e de boa fé".

[58] Cumpre ainda não esquecer o contributo de JEAN-JACQUES ROUSSEAU, *Escritos sobre la paz y la guerra*, Madrid, 1982, pp. 35 e ss.

nica de relacionamento entre os Estados, a insuflar um verdadeiro Direito das Gentes kantiano:

- a existência de uma Constituição Republicana, no sentido contratual do termo, com respeito pela liberdade dos respetivos membros, a consagração de uma legislação comum a todos e a igualdade entre todos os cidadãos[59];
- a fundação de uma federação livre dos Estados, que os integrasse na cena internacional, sem deveres, e a todo o tempo revogável[60]; e
- a imposição de regras limitadas às condições de hospitalidade universal, no sentido de que todos os cidadãos deveriam gozar de um direito de visita dos territórios alheios, conquanto não o utilizassem para práticas hostis[61].

A conceção kantiana desabrocharia nalguns elementos que seriam considerados no futuro Direito Internacional da Guerra, contrariando a máxima de Marcus Tulius Cícero de que *inter arma silent leges*, sendo de recordar estes dois pontos[62]:

a) proibição da guerra punitiva (*bellum punitivum*) – porque o castigo só se impunha havendo uma relação de subordinação, por definição ausente do Direito de Gentes de cariz igualitário – e da guerra de extermínio (*bellum internecinum*) ou de subjugação (*bellum subiu-*

[59] Cfr. Immanuel Kant, *Sobre la paz perpetua*, 5ª ed., Madrid, 1996, p. 15.

[60] Cfr. Immanuel Kant, *Sobre la paz...*, p. 21, só ela podendo retirar os Estados, na sua relação na cena internacional, do estado de natureza – não jurídico – em que viveriam, afirmando este autor noutro escrito (*A Metafísica...*, p. 228) que "...é necessária uma liga de nações, em conformidade com a ideia de um contrato social originário, de modo a que essas se obriguem (reciprocamente) a não imiscuir-se nos conflitos internos de cada um, mas sim a proteger-se de ataques do exterior...".

[61] Cfr. Immanuel Kant, *Sobre la paz...*, p. 27.

[62] Referindo-se ainda Immanuel Kant (*A Metafísica...*, pp. 234 e ss.) à existência de um "Direito depois da guerra", salientando a existência de algumas limitações a impor a um irrestrito direito de conquista: "O Estado vencido ou os seus súbditos não perdem com a conquista do país a sua liberdade civil, não sendo aquele rebaixado a colónia e estes a servos; pois que, a não ser assim, a guerra teria sido uma guerra punitiva, o que é em si contraditório" (p. 235).

gatorium) – porque isso significaria a aniquilação de um Estado ou excederia o antagonismo possível, só para defesa própria[63];

b) a limitação dos meios de fazer a guerra defensiva àqueles que não impedissem o exercício da cidadania – como sucede com espiões ou mercenários ou contrainformação, porque isso sempre minaria a confiança necessária à construção do estado de paz duradoura[64].

13. A proscrição normativo-internacional do uso da guerra

I. No plano *jurídico-internacional*, a condenação da guerra unicamente se alcançaria no século XX[65], tendo-se vivido até então num regime de

[63] Cfr. IMMANUEL KANT, *A Metafísica...*, p. 233.

[64] Cfr. IMMANUEL KANT, *A Metafísica...*, p. 234.

[65] A respeito da licitude internacional do uso da força, em termos normativos gerais, com flutuações no decurso do tempo, em função desses textos, v., de entre outros, SIMÓN PLANAS SUÁREZ, *Tratado de Derecho Internacional Público*, II, Madrid, 1916, pp. 10 e ss.; LOBO D'ÁVILA LIMA, *Da Sociedade das Nações*, Lisboa, 1927, pp. 100 e ss.; ALBERT DE LA PRADELLE, *La paix moderne (1899-1945)*, Paris, 1947, *passim*; CHARLES G. FENWICK, *International Law*, 3ª ed., New York, 1952, pp. 541 e ss.; STEPHAN GLASER, *La guerre d'agréssion à la lumière des sources du Droit International*, in *Révue Génerale de Droit International Public*, ano 57º, nº 3, Julho-Setembro de 1953, pp. 329 e ss.; PAUL GUGGENHEIM, *Traité de Droit International Public*, II, Genève, 1954, pp. 295 e ss.; GIORGIO DEL VECCHIO, *Direito e Paz*, pp. 224 e ss.; CELSO D. ALBUQUERQUE MELLO, *Curso de Direito Internacional Público*, II, 2ª ed., Rio de Janeiro/São Paulo, 1974, pp. 755 e ss.; JAMES LESLIE BRIERLY, *Direito Internacional*, 4ª ed., Lisboa, 1979, pp. 421 e ss.; PAUL REUTER, *Direito...*, p. 286; AFONSO RODRIGUES QUEIRÓ, *Guerra – aspetos jurídicos*, in *Pólis*, III, Lisboa, 1985, pp. 154 e ss.; MICHAEL AKEHURST, *Introdução...*, pp. 269 e ss.; KRZYSZTOF JAN SKUBISZEWSKI, *Uso de la fuerza por parte de los Estados*, in AAVV, *Manual de Derecho Internacional Público* (org. de MAX SORENSEN), Cidade do México, 1985, pp. 682 e ss.; RICCARDO MONACO, *Manuale di Diritto Internazionale Pubblico*, 2ª ed., Torino, 1985, pp. 650 e ss.; JOSÉ A. PASTOR RIDRUEJO, *Curso...*, pp. 595 e 596; RENÉ-JEAN DUPUY, *O Direito Internacional*, pp. 144 e ss.; LUÍS CRUCHO DE ALMEIDA, *Segurança internacional*, in *Pólis*, V, Lisboa, 1987, pp. 639 e ss.; JOAQUIM DA SILVA CUNHA, *Formação e evolução do Direito Internacional – os ventos de mudança*, in *Nação e Defesa*, XV, nº 53, Janeiro-Março de 1990, p. 80, e *Direito Internacional...*, III, pp. 173 e ss.; ARMANDO M. MARQUES GUEDES, *Direito...*, pp. 234 e ss., e *O Direito e a Guerra*, in AAVV, *A crise do Golfo e o Direito Internacional*, Porto, 1993, pp. 51 e ss.; LOUIS HENKIN, *International Law: politics and values*, Dordrecht/Boston/

aceitação do uso da força no plano das relações internacionais, diretamente filiado na distinção entre Direito da Paz e Direito da Guerra, cuja paternidade é de Hugo Grócio.

Daí que até ao início do século passado, num outro aspeto que justifica a passagem do período clássico ao período moderno na sua periodificação, o Direito Internacional assentasse numa dicotomia fundamental entre:

- o *ius ad bellum*;
- o *ius in bello*.

O *ius ad bellum* representava o setor do Direito Internacional que estabelecia os termos e as condições para decretar o estado de guerra, definindo o respetivo formalismo e as partes que o pudessem fazer, assim consagrando um direito dos Estados de recorrer à força no âmbito das relações internacionais[66].

London, 1995, pp. 110 e ss.; Alejandro J. Rodríguez Carrión, *Leciones de Derecho Internacional Público,* 3ª ed., Madrid, 1994, pp. 525 e ss.; Anthony Clark Arend e Robert J. Beck, *International Law...,* pp. 19 e ss.; Jean Touscoz, *Direito...,* pp. 356 e ss.; António Cabral de Moncada, *Curso...,* I, pp. 81 e ss.; Paulo Canelas de Castro, *De quantas Cartas se faz a paz internacional?,* in AAVV, *Ab Uno ad Omnes – 75 Anos da Coimbra Editora,* Coimbra, 1998, pp. 1007 e ss.; Manuel de Almeida Ribeiro, *A Organização...,* pp. 36 e 37, e pp. 138 e ss.; Jorge Bacelar Gouveia, *O estado de exceção...,* II, pp. 1337 e ss., *Estado de guerra,* in *Dicionário Jurídico da Administração Pública,* 2ª suplemento, Lisboa, 2001, pp. 303 e ss., e *O uso da força no Direito Internacional Público,* in AAVV, *Estudos em Comemoração do X Aniversário do Instituto Superior de Ciências Jurídicas e Sociais,* I volume (org. de Mário Pereira da Silva, Leão de Pina e Paulo Monteiro Júnior), Praia, 2012, pp. 155 e ss.

66 Sobre a condenação da guerra no Direito Internacional Positivo no recorte atual do *ius ad bellum,* v. Humphrey M. Waldock, *The regulation of the use of force by individual States in International Law,* in *Récueil des Cours de l'Academie de Droit International,* nº 81, 1952, pp. 415 e ss.; Gaetano Arangio Ruiz, *Legittima difesa (Diritto Internazionale),* in *Novissimo Digesto Italiano,* VI, Torino, 1960, pp. 60 e ss.; Tomaso Perassi, *L'ordinamento...,* pp. 62 e ss.; Giorgio del Vecchio, *Direito e Paz,* pp. 224 e ss.; Stephen Schwebel, *Agression, intervention and self-defense in modern International Law,* in *Récueil des Cours de l'Academie de Droit International,* nº 136, 1972, pp. 411 e ss.; Pier Luigi Lamberti Zanardi, *La legittima difesa nel Diritto Internazionale,* Milano, 1972, *passim*; Fausto de Quadros, *Carta das Nações Unidas e Estatuto do Tribunal Internacional de Justiça,* Lisboa, 1978, pp. 7 e 8, e *Direito Internacional Público I – programa,*

O *ius in bello* atendia às normas que regulavam os conflitos armados, na convicção – até certo ponto ingénua – de que haveria uma ordem normativa no meio do caos que um conflito bélico sempre pressupõe[67].

conteúdos e métodos de ensino, in *Revista da Faculdade de Direito da Universidade de Lisboa*, volume XXXII, 1991, pp. 432 e 433; James Leslie Brierly, *Direito...*, pp. 426 e ss.; Paul Reuter, *Direito Internacional...*, pp. 286 e ss.; Cesáreo Gutiérrez Espada, *El estado de necesidad y el uso de la fuerza en Derecho Internacional*, Madrid, 1987, pp. 95 e ss.; Michael Akehurst, *Introdução...*, pp. 271 e ss.; José A. Pastor Ridruejo, *Curso...*, pp. 596 e ss.; Nuno e Sousa, *Curso...*, pp. 200 e ss.; Joaquim da Silva Cunha, *Direito Internacional...*, III, pp. 175 e ss.; Charles Chaumont, *Organização das Nações Unidas*, Oeiras, 1992, pp. 66 e ss.; Antonio Cassese, *Article 51*, in AAVV, *La Charte des Nations Unies* (org. de Jean-Pierre Cot e Alain Pellet), 2ª ed., Paris, 1991, p. 771; Michel Virally, *Article 2 – Paragraphe 4*, in AAVV, *La Charte des Nations Unies* (dir. de Jean-Pierre Cot e Alain Pellet), 2ª ed., Paris, 1991, pp. 115 e ss.; John Dugard, *International Law*, Cape Town, 1994, pp. 317 e ss.; Anthony Clark Arend e Robert J. Beck, *International Law...*, pp. 29 e ss.; Jean Touscoz, *Direito...*, pp. 359 e ss.; Martín C. Ortega Carcelén, *La legítima defensa del territorio del Estado*, Madrid, 1991, pp. 18 e ss.; Armando M. Marques Guedes, *Direito Internacional Público*, pp. 113 e ss.; Krzysztof Jan Skubiszewski, *Use of force by States, collective security, law of war and neutrality*, in AAVV, *Manual of Public Internacional Law* (org. de Max Sorensen), London, 1968, pp. 699 e ss.; Pierre-Marie Dupuy, *Droit...*, pp. 400 e ss.; Jorge Bacelar Gouveia, *O direito de passagem inofensiva...*, pp. 47 e ss., *O estado de exceção...*, II, pp. 1339 e ss., e *Estado de guerra...*, pp. 304 e ss.; André Gonçalves Pereira e Fausto de Quadros, *Manual...*, pp. 483 e ss., e pp. 527 e ss.; Alejandro J. Rodríguez Carrión, *Leciones...*, pp. 527 e ss.; Margarida Salema D'Oliveira Martins e Afonso D'Oliveira Martins, *Direito...*, II, pp. 27 e ss.; António Cabral de Moncada, *Curso...*, I, pp. 81 e ss.; Eduardo Correia Batista, *Ius cogens em Direito Internacional*, Lisboa, 1997, pp. 429 e ss.; Maria Luísa Duarte, *A teoria dos poderes implícitos e a delimitação de competências entre a União Europeia e os Estados membros*, Lisboa, 1997, pp. 204 e ss.; Paulo Canelas de Castro, *De quantas cartas...*, pp. 1013 e ss.; Palhares Moreira Reis, *Sobre a guerra*, in *Revista de Informação Legislativa*, ano 36, nº 144, Outubro-Dezembro de 1999, pp. 101 e ss.; Fausto de Quadros e Jorge Bacelar Gouveia, *As relações externas de Portugal – aspetos jurídico-políticos*, Lisboa, 2001, pp. 35 e ss.; Malcolm N. Shaw, *International...*, pp. 1017 e ss.

[67] Sobre a situação de guerra da perspetiva do Direito Internacional Público, enquadrada como *ius in bello*, um dos seus capítulos e objeto de diversas regulamentações costumeiras e convencionais, v. Simón Planas Suárez, *Tratado...*, II, pp. 23 e ss.; Louis le Fur, *Des représailles en temps de guerre*, Paris, 1919, pp. 56 e ss.; Giorgio Balladore Pallieri, *Diritto Internazionale Pubblico*, 8ª ed., Milano, 1962, pp. 617 e ss.; Agostino Curti Gialdino, *Guerra (Diritto Internazionale)*, in *Enciclopedia*

II. Notoriamente no século XX é que se estabeleceria a afirmação jurídico-internacional da proscrição do uso da força, paulatinamente distribuída por *quatro momentos*, todos encadeados entre si, numa caminhada normativo-internacional sempre crescente:

- a proibição do uso da força na cobrança de dívidas contratuais;
- a moratória de guerra no âmbito do Pacto da Sociedade das Nações;
- a renúncia geral ao uso da força no Pacto Briand-Kellog; e
- a proibição geral na Carta das Nações Unidas.

III. O *primeiro momento* a referir, ainda que limitado e pouco conhecido, aconteceu em 1907, na 2ª Conferência da Haia, também designada por Convenção Drago-Porter[68].

del Diritto, XIX, Milano, 1970, pp. 849 e ss.; Celso D. de Albuquerque Mello, *Curso...*, II, pp. 767 e ss.; Alfons Klafkowski, *Les formes de cessation de l'état de guerre en Droit International*, in *Récueil des Cours de l'Academie de Droit International*, I, 1976, pp. 224 e ss.; Afonso Rodrigues Queiró, *Guerra (Direito Internacional Público)*, in *Verbo – Enciclopédia Luso-Brasileira de Cultura*, 9º vol., Lisboa, 1977, pp. 1215 e ss.; Paul Gugennheim, *Traité...*, II, pp. 303 e ss.; Pierluigi Toriello, *Guerra*, in *Novissimo Digesto Italiano*, apendice III, Torino, 1982, pp. 1162 e ss.; Paul Reuter, *Direito...*, pp. 297 e ss.; Charles Rousseau, *Droit...*, pp. 349 e ss.; Krzysztof Jan Skubiszewski, *Uso de la fuerza...*, pp. 733 e ss.; Riccardo Monaco, *Manuale...*, pp. 654 e ss.; Joaquim da Silva Cunha, *Direito Internacional...*, III, pp. 194 e ss.; Jean Touscoz, *Direito...*, pp. 371 e ss.; Adherbal Meira Mattos, *Direito...*, pp. 458 e ss.; José Luís Moreira da Silva, *Direito dos Conflitos...*, pp. 13 e ss.; Elísio Borges Maia, *Armas nucleares...*, pp. 63 e ss.; José Francisco Rezek, *Direito...*, pp. 368 e ss.

[68] Eis um caso claro da influência de uma posição política e doutrinária sobre uma posterior convenção internacional e que se insere numa tendência, que se acentuaria, de limitação do poder estadual na esfera internacional. Luís Drago era o Ministro dos Negócios Estrangeiros da Argentina e conseguiu extinguir os antigos direitos de os Estados poderem cobrar-se de dívidas contra os seus nacionais pela força, forçando os Estados devedores. A posição, primeiro política e depois doutrinária, surgiu em fins do século XIX, quando o Reino Unido, a Alemanha e a Itália usaram da força contra a Venezuela por dívidas não pagas e danos causados. Seguiu-se um intenso jogo diplomático que culminou, no âmbito da Conferência da Haia de 1907, com a adoção de um cláusula excluindo o uso da força na cobrança de dívidas, defendida por H. Porter, o delegado dos Estados Unidos a essa conferência. Cfr. Antonio Cassese, *International Law...*, pp. 50 e 51.

Esta convenção estabeleceu a proibição do uso da força, através das represálias, no caso de entre os Estados haver dívidas não pagas, no âmbito de uma relação obrigacional.

É claro que se trata de um aspeto bastante pontual no seio das relações internacionais, mas não deixou de possuir uma relevância apreciável como primeiro tratado internacional proscrevendo o uso da força, ainda que marginalmente[69].

Dizia-se no respetivo tratado o seguinte: "As partes contratantes estão convencidas de que não devem utilizar a força armada para a cobrança de dívidas contratuais...".

IV. O *segundo momento*, de afirmação de uma geral limitação processual ao uso da guerra, aconteceria no texto do Pacto da Sociedade das Nações, a Parte I do Tratado de Versalhes, que selaria o fim da I Guerra Mundial.

Segundo se podia ler num dos seus preceitos, "Acordam todos os Membros da Sociedade que, ao surgir entre eles algum diferendo suscetível de os levar a uma rutura, se submeterão, quer a um processo de arbitragem ou a uma decisão judicial, quer ao exame do Conselho", depois se concluindo nesse preceito que "Mais acordam que, em caso algum, devem recorrer à guerra antes de expirado o prazo de três meses depois da decisão arbitral ou judicial ou do relatório do Conselho"[70].

Este esquema ficaria conhecido por moratória de guerra porque, não sendo uma proscrição propriamente dita, impunha o retardamento do uso da força por três meses, com a finalidade de permitir ao Conselho pronunciar-se e fazer com que as partes em conflito chegassem a acordo, além de se admitir a força como medida coerciva ou como legítima defesa[71].

Formou-se, assim, a convicção de que a decisão de fazer a guerra, relevando à comunidade internacional no seu conjunto, deveria ser filtrada por uma instância internacional. E assim se concebeu a primeira limitação

[69] Cfr. António Cabral de Moncada, *Curso...*, I, p. 81; Nguyen Quoc Dinh, Patrick Daillier e Alain Pellet, *Droit...*, p. 936.

[70] Art. 12º do Pacto da Sociedade das Nações.

[71] Cfr. Armando M. Marques Guedes, *Direito...*, p. 236; Nguyen Quoc Dinh, Patrick Daillier e Alain Pellet, *Droit...*, pp. 936 e ss.; José Francisco Rezek, *Direito...*, p. 373.

geral ao direito de fazer a guerra, apenas se admitindo três suas modalidades: (i) como medida de *ultima ratio*, (ii) como medida coercitiva assim decretada e (iii) como legítima defesa[72], traduzindo-se, em termos gerais, o Pacto da Sociedade das Nações num sistema de "retardamento" do uso da guerra[73].

V. O *terceiro momento*, de condenação substantiva do uso da força[74], seria protagonizado pelo Tratado de Renúncia Geral do Uso da Força, mais conhecido por Pacto Briand-Kellog, celebrado em 27 de agosto de 1928, tendo por negociadores o Ministro dos Negócios Estrangeiros Francês e o Secretário de Estado Norte-Americano, respetivamente Aristide Briand e Frank Kellog, embora tivesse sido assinado por quinze Estados.

Numa das suas poucas disposições, este tratado era bastante enfático quanto ao facto de os Estados partes aceitarem que o uso da força deixava de pertencer à respetiva capacidade jurídico-internacional, como desde tempos imemoriais sempre se aceitou. Verdadeiramente se fazia a diferença numa diversa evolução da questão, condenando-se explicitamente a guerra como instrumento de política internacional, ao admitir-se a guerra somente como medida de *ultima ratio*[75].

Nos termos deste tratado, o uso da força só se considerava permitido como legítima defesa ou como medida de coerção para repelir as mais graves violações do Direito Internacional, tendo este momento ficado na sua História por ter sido o primeiro de proibição geral do uso da força nas

[72] Cfr. o art. 12º e ss. do Pacto da Sociedade das Nações.

[73] Como frisa JOHN DUGARD, *International Law*, p. 313.

[74] Cfr. ARMANDO M. MARQUES GUEDES, *Direito...*, p. 237.

[75] Cfr. o art. 1º do Pacto Briand-Kellog, no qual se dizia que "As altas Partes Contratantes declaram solenemente, em nome dos respetivos povos, que condenam o recurso à guerra para resolução dos conflitos internacionais e a ela renunciam como instrumento de política nacional nas suas mútuas relações". O art. 2º, complementarmente, estabelecia o princípio da resolução pacífica dos conflitos internacionais: "As altas Partes Contratantes reconhecem que a superação ou a resolução de controvérsias e conflitos que entre elas surjam, seja qual for a origem ou a natureza dos mesmos, só deve encontrar-se por meios pacíficos". Cfr. o respetivo texto em CÁSTOR M. DÍAZ BARRADO, *El Uso de la Fuerza en las Relaciones Internacionales*, Madrid, 1989, pp. 68 e 69.

relações internacionais, ao nível substantivo, e pondo termo à "competência discricionária da guerra"[76].

A dificuldade residia na forte imperfeição adjetiva deste tratado: embora substantivamente proibisse o uso da força, não estabelecia qualquer mecanismo sancionatório para punir o respetivo incumprimento, o que não tardaria muito tempo que viesse a acontecer, e em larga escala, rebentando a II Guerra Mundial.

VI. O *quarto momento*, numa dupla ótica substantiva e adjetiva, é o que estamos vivendo e seria alcançado com a aprovação da Carta das Nações. Ainda que se aceite que as atribuições da Organização das Nações Unidas largamente ultrapassam o objetivo da paz e da segurança internacionais, sem dúvida que esta vem a ser uma das suas principais finalidades, ou não tivesse esta instituição sido criada sobre os escombros dramáticos da II Guerra Mundial.

Não se pode questionar que a Carta das Nações Unidas tivesse estabelecido não apenas essa finalidade como um dos seu principais objetivos, mas sobretudo tivesse afirmado o monopólio do uso da força a cargo da Organização das Nações Unidas, a deliberar por intermédio de um dos seus órgãos, o Conselho de Segurança[77].

A Carta das Nações Unidas estabeleceria, de todos estes textos, a proibição mais abrangente do uso da força, erguendo do mesmo passo a defesa da soberania num dos seus princípios fundamentais, afirmando que "Os membros deverão abster-se nas suas relações internacionais de recorrer à ameaça ou ao uso da força, quer seja contra a integridade territorial ou a independência política de um Estado, quer seja de qualquer outro modo incompatível com os objetivos das Nações Unidas"[78].

[76] Nguyen Quoc Dinh, Patrick Daillier e Alain Pellet, *Droit...*, p. 938. Cfr. também Armando M. Marques Guedes, *Direito...*, p. 238; José Francisco Rezek, *Direito...*, p. 373.

[77] Cfr. Armando M. Marques Guedes, *Direito...*, pp. 239 e ss.; António Cabral de Moncada, *Curso...*, I, pp. 83 e ss.; Nguyen Quoc Dinh, Patrick Daillier e Alain Pellet, *Droit...*, pp. 939 e ss.; José Francisco Rezek, *Direito...*, pp. 373 e ss.; Sofia Santos, *O uso da força no Direito Internacional e os desafios do paradigma onusiano*, in *Revista da Faculdade de Direito da Universidade Federal de Minas Gerais*, nº 61, julho-dezembro de 2012, pp. 534 e ss.

[78] Art. 2º, nº 4, da Carta das Nações Unidas.

As exceções formalmente previstas são, utilizando a tetralogia proposta por MICHAEL AKEHURST[79], as seguintes:

(i) a legítima defesa[80];
(ii) as medidas adotadas ou autorizadas pelos órgãos competentes da Organização das Nações Unidas para manter ou restabelecer a paz e a segurança internacionais[81];
(iii) as medidas adotadas contra anteriores Estados inimigos[82];
(iv) as medidas adotadas por organizações regionais[83].

A Assembleia Geral da Organização das Nações Unidas, por seu lado, teria oportunidade de explicitar o sentido da proibição internacional do uso da força, o que veio a fazer em duas ocasiões distintas: primeiro, na Resolução nº 2625 (XXV), de 24 de outubro de 1970, e depois, na Resolução nº 3314 (XXIX), de 14 de dezembro de 1974[84].

No plano jurisprudencial, é de referir algumas intervenções que se fizeram na estabilização dessa proscrição geral do uso da força, avançando-se, primeiro, com considerações laterais, no *Caso do Estreito de Corfu* (Reino Unido *versus* Albânia) (1947-1949) e no *Caso do pessoal diplomático e consular dos Estados Unidos em Teerão* (Estados Unidos *versus* Irão) (1979-1981), para se avaliar, depois, o problema a título principal no *Caso das atividades militares e paramilitares na Nicarágua dos contras*

[79] Cfr. MICHAEL AKEHURST, *Introdução...*, p. 273, às quais CASTÓR M. DÍAZ BARRADO (*El Uso de la Fuerza...*, pp. 122 e 123) acrescenta ainda as seguintes: (i) o uso da força no exercício do direito de autodeterminação dos povos; (ii) o uso da força consentido pelo Estado em cujo território a mesma se exerce; (iii) e o uso da força em estado de necessidade.

[80] Cfr. o art. 51º da Carta das Nações Unidas.

[81] Cfr. o art. 42º da Carta das Nações Unidas.

[82] Cfr. os arts. 107º e 53º, nº 1, da Carta das Nações Unidas.

[83] Cfr. o art. 52º, nº 1, da Carta das Nações Unidas.

[84] Cfr. os respetivos textos em PEDRO ROMANO MARTINEZ e J. A. AZEREDO LOPES, *Textos de Direito Internacional Público*, 6ª ed., Coimbra, 2000, respetivamente, pp. 51 e ss., e pp. 83 e ss. Cfr., doutrinariamente, ANTÓNIO AUGUSTO CANÇADO TRINDADE, *Princípios de Direito Internacional Contemporâneo*, Brasília, 1981, pp. 59 e ss.; EDUARDO A. SERRA BRANDÃO, *Novos conceitos de agressão em Direito Internacional*, in *Um novo Direito do Mar*, Lisboa, 1984, pp. 39 e ss.; CHARLES CHAUMONT, *Organização...*, pp. 68 e ss.; ANTÓNIO CABRAL DE MONCADA, *Curso...*, I, pp. 83 e 84.

(Nicarágua *versus* Estados Unidos) (1986), ligando este princípio fundamental do sistema da Organização das Nações Unidas ao Direito Internacional Costumeiro[85].

Para além da decretação da força no seio da Organização das Nações Unidas, a única possibilidade de autotutela material efetivamente aberta foi a da legítima defesa, quando os respetivos pressupostos são pertinentes, a exercer por parte dos Estados. As outras hipóteses, também admitidas, foram-no apenas temporariamente, o tempo e as circunstâncias se encarregando de decretar a respetiva caducidade[86]: o uso da força relativamente aos Estados vencidos da II Guerra Mundial[87] rapidamente perderia a sua razão de ser; as medidas regionais nunca efetivamente poderiam obter qualquer autonomia em face do desenvolvimento da função constitucional da Carta das Nações Unidas relativamente a outros tratados de natureza militar, sobre eles prevalecendo.

VII. A proscrição do uso da força no Direito Internacional Público, arduamente conquistada, rapidamente se tornaria uma realidade universal, tal a difusão de disposições, confirmando a linha central seguida pela Carta das Nações Unidas, não se podendo encontrar setor específico do Direito Internacional que não lhe seja sensível[88]:

- o Direito Internacional dos Tratados: "É nulo todo o tratado cuja conclusão tenha sido obtida pela ameaça ou pelo emprego da força em violação dos princípios de Direito Internacional contidos na Carta das Nações Unidas"[89];

[85] Cfr. ELÍSIO BORGES MAIA, *Armas nucleares...*, pp. 235 e ss.

[86] Assim, referindo a sua caducidade, ANTÓNIO CABRAL DE MONCADA, *Curso...*, I, p. 87; NGUYEN QUOC DINH, PATRICK DAILLIER e ALAIN PELLET, *Droit...*, p. 947.

[87] De acordo com o art. 107º da Carta das Nações Unidas, "Nada na presente Carta invalidará ou impedirá qualquer ação que, em relação a um Estado inimigo de qualquer dos signatários da presente Carta durante a 2ª Guerra Mundial, for levada a efeito ou autorizada em consequência da dita guerra pelos governos responsáveis por tal ação".

[88] Cfr. JORGE MIRANDA, *Curso...*, p. 257.

[89] Art. 52º da Convenção de Viena sobre o Direito dos Tratados entre Estados.

- o Direito Internacional do Mar: "No exercício dos seus direitos e no cumprimento das suas obrigações nos termos da presente Convenção, os Estados Partes devem abster-se de qualquer ameaça ou uso da força contra a integridade territorial ou a independência política de qualquer Estado, ou de qualquer outra forma incompatível com os princípios de Direito Internacional incorporados na Carta das Nações Unidas"[90]; ou
- o Direito Internacional do Espaço Exterior: "A Lua e os demais corpos celestes utilizar-se-ão exclusivamente com fins pacíficos por todos os Estados Partes no Tratado. Fica proibido estabelecer nos corpos celestes bases, instalações e fortificações militares, efetuar ensaios com qualquer tipo de armas e realizar manobras militares"[91].

VIII. Por aquilo que se vê, o que resta hoje do *ius belli* é muito pouco, com todas as inevitáveis consequências que isso acarreta:

- *regulativamente*, na modificação de muitas das normas do Direito Internacional da Guerra;
- *dogmaticamente*, no desinteresse em que caíram estas matérias, rapidamente substituídas por outras.

As severas restrições que este século veio felizmente trazer à utilização da guerra antes considerada livre – acantonando-a em recônditos casos de legítima defesa e de decretação por instâncias internacionais, com a

[90] Art. 301º da Convenção das Nações Unidas sobre o Direito do Mar.

[91] Art. 4º, § 2º, do Tratado da Exploração e Utilização do Espaço Extraterrestre. Outras organizações internacionais, com fins de caráter político-militar, na esteira destas disposições pertinentes da Carta das Nações Unidas, do mesmo modo regulariam a matéria do uso da força, ainda que em termos específicos. A Organização dos Estados Americanos prevê, remissivamente, a resolução dos conflitos internacionais, segundo o art. 28º do Carta da Organização dos Estados Americanos, para o âmbito da Carta das Nações UnidasU ou de tratados particulares eventualmente existentes na matéria. O Tratado da União da Europea Ocidental e o Tratado do Atlântico Norte, identicamente, estabelecem a definição dos pressupostos da legítima defesa coletiva, cessando a intervenção militar no caso de haver a intervenção do Conselho de Segurança da Organização das Nações Unidas, de acordo com os respetivos arts. 5º

incumbência de zelar pela segurança e paz internacionais – determinou a perda da sua importância científica, já nem sequer sendo possível fazer a *summa divisio* do Direito Internacional – até há bem pouco tempo clássica e fundamental – entre o Direito da Paz e o Direito da Guerra[92].

[92] No plano dogmático-internacional, em consequência da restrição dos casos em que é legítima, a guerra há muito deixou de ocupar um lugar de relevo na sistemática dos manuais de Direito Internacional, que se subdividiam, dicotomicamente, entre o Direito da Paz e o Direito da Guerra. Era o caso, por exemplo, de Simón Planas Suárez (*Tratado de Direito Internacional Público*, Madrid, 1916), o I vol. para o Direito Internacional em tempo de paz e o II vol. para o Direito Internacional em tempo de guerra.

No seu lugar, e levando em consideração as normas aplicáveis dentro de uma lógica humanitária, como sucede com a Lei de Genebra, ao invés da Lei da Haia, atinente à regulação do exercício da força, há quem fale num único subsistema de Direito Internacional, que seria o Direito Humanitário Internacional. Cfr. Elísio Borges Maia, *Armas nucleares*..., p. 256.

§ 6º A PRESERVAÇÃO DA SEGURANÇA INTERNACIONAL PELA ORGANIZAÇÃO DAS NAÇÕES UNIDAS

14. A intervenção do Conselho de Segurança das Nações Unidas

I. O uso da força no Direito Internacional Público, tal como o mesmo ficou gizado depois da Carta das Nações Unidas, esteia-se no papel do Conselho de Segurança, que não partilha esse poder com nenhum outro órgão, num sistema de segurança coletiva e pública[93].

Eis o órgão central das Nações Unidas, competindo-lhe essencialmente ser o guardião da paz e da segurança internacionais. E note-se que nesta matéria o Conselho de Segurança tem poder exclusivo, sob duas vertentes:

[93] Sobre o sistema de segurança coletiva da Organização das Nações Unidas, v. JOAQUIM DA SILVA CUNHA, *Direito Internacional...*, III, pp. 186 e ss.; PIERRE-MARIE DUPUY, *Droit...*, pp. 400 e ss.; ARMANDO M. MARQUES GUEDES, *Direito...*, pp. 262 e ss.; JEAN TOUSCOZ, *Direito Internacional*, pp. 365 e ss.; NGUYEN QUOC DINH, PATRICK DAILLIER e ALAIN PELLET, *Droit...*, pp. 993 e ss.; ANTONIO CASSESE, *International Law*, Oxford, 2003, pp. 296 e ss.; EDUARDO CORREIA BATISTA, *O poder público bélico em Direito Internacional: o uso da força pelas Nações Unidas em especial*, Coimbra, 2003, pp. 597 e ss.; MALCOLM N. SHAW, *International...*, pp. 1017 e ss.; MARIA DO CÉU PINTO, *As Nações Unidas e a manutenção da paz e as atividades de peacekeeping doutras organizações internacionais*, Coimbra, 2007, pp. 25 e ss.; PAUL KENNEDY, *O Parlamento do Homem*, Lisboa, 2009, pp. 97 e ss.; SOFIA SANTOS, *Die Reform des Sicherheitsrates des Vereinten Nationen und ihre Auswirkungen auf die internationale Ordnung*, Baden-Baden, 2011, pp. 72 e ss.

- *externamente*: porque nenhuma outra instância se pode arrogar do exercício de poderes de manutenção da paz internacional, sendo esta uma incumbência só atribuída à Organização das Nações Unidas, o que não belisca os acordos de legítima defesa coletiva, que se lhe subordinam;
- *internamente*: porque nenhum outro órgão pode intervir, o que a acontecer é sempre por impossibilidade ou a mando do Conselho de Segurança, cabendo-lhe mesmo a execução das decisões do Tribunal Internacional de Justiça, apenas a Assembleia Geral podendo excecionalmente intervir no caso de paralisação do Conselho de Segurança[94].

II. O procedimento que incumbe ao Conselho de Segurança, na aplicação de sanções, é diversificado, comportando diversos momentos, de entre eles se destacando[95]:

- a *iniciativa*;
- a *apreciação*; e
- a *decisão*.

De toda a maneira, esta é uma intervenção intensamente sujeita a vários princípios de tipo procedimental e material, de que cumpre naturalmente evidenciar o princípio da proporcionalidade, nas suas três vertentes.

III. A *iniciativa* da intervenção é múltipla, até para evitar a obstrução de uma intervenção do Conselho de Segurança, sendo diversas as possibilidades de abertura deste procedimento:

[94] Cfr. Nguyen Quoc Dinh, Patrick Daillier e Alain Pellet, *Droit...*, pp. 995 e 996. Essa é a orientação que se extrai da Resolução 377 (V) da Assembleia Geral, de 3 de dezembro de 1950, também designada por Resolução Unidos para a Paz (ou Acheson), na qual se transfere o poder de intervenção no caso de ameaça ou rutura da paz para a Assembleia Geral, caso o Conselho de Segurança se encontre paralisado, nos termos do seu nº 1. Cfr. o respetivo texto em Pedro Romano Martinez e J. A. Azeredo Lopes, *Textos...*, pp. 164 e 165.

[95] Cfr. Armando M. Marques Guedes, *Direito...*, pp. 282 e ss.; Jorge Miranda, *Curso...*, pp. 264 e 265.

- pelo próprio Conselho de Segurança;
- pela Assembleia Geral;
- pelo Secretário-Geral; ou
- por qualquer Estado, membro ou não das Nações Unidas.

IV. Iniciado o procedimento, é vital avaliar em que termos está ocorrendo uma situação de rutura da paz e da segurança internacionais, numa averiguação que nem sequer conta apenas com a intervenção do Conselho de Segurança, uma vez que em casos excecionais pode a Assembleia Geral também participar, segundo os termos da Resolução União para a Paz, de 3 de novembro de 1950[96].

A *apreciação* consiste na reunião de todos os elementos necessários, incluindo os pareceres, com vista a melhor conhecer a situação de conflito internacional, tomando o pulso às suas características, no sentido de enquadrar a perspetiva da aplicação de medidas.

É neste caso importante que as entidades envolvidas – *maxime* dos Estados relativamente aos quais se julgue haver uma responsabilidade de rutura – possam ser ouvidas. Daí que essas partes sejam convidadas a participar na discussão sem direito de voto, o que equivale a um direito de audição prévia.

[96] Nela se estabelecendo no respetivo nº 1 o seguinte: "*Decide* que, em qualquer caso onde pareça existir uma ameaça, uma rutura da paz ou um ato de agressão e onde, pelo facto de não se ter conseguido a unanimidade dos seus membros permanentes, o Conselho de Segurança falhe na sua principal responsabilidade de manutenção da paz e segurança internacionais, a Assembleia Geral examinará imediatamente a questão com o objetivo de efetuar aos Membros as recomendações apropriadas para a tomada de medidas coletivas, incluindo no caso de uma quebra da paz ou um ato de agressão, o uso de força armada quando necessário, para a manutenção ou restabelecimento da paz e da segurança internacionais. Se a Assembleia Geral não estiver em sessão nessa altura, ela poderá ser convocada para uma sessão especial de emergência dentro das vinte e quatro horas subsequentes ao pedido". Cfr. o respetivo texto em Manuel de Almeida Ribeiro, António Vasconcelos de Saldanha e Mónica Ferro, *Textos de Direito Internacional Público*, 2ª ed., Lisboa, 2003, pp. 110 e 111.

V. A *deliberação* desemboca numa ponderação que o Conselho de Segurança faz a respeito da situação cujo procedimento de intervenção se iniciou, abrindo-se várias opções possíveis:

- considerar que não existe nenhuma, efetiva ou potencial, situação de rutura da paz e da segurança internacionais;
- considerar que é necessário obter mais elementos para justificar uma decisão material;
- considerar que se justifica, preliminarmente, chamar a atenção dos Estados em conflito para o respeito pela Carta das Nações Unidas, através de uma *vis diretiva*;
- considerar que é de aplicar as sanções previstas, através de uma *vis coativa*.

15. As sanções aplicáveis

I. Do prisma das sanções a aplicar, com o fito de se evitar ou de se reprimir uma situação de rutura da paz e da segurança internacionais, a Carta das Nações Unidas prevê dois tipos de providências[97]:

- as *sanções coativas não militares*; e
- as *sanções coativas militares*.

É óbvio que entre elas se estabelece um apurado sentido de proporcionalidade, só se justificando a aplicação ou a passagem às medidas mais drásticas no caso de outras medidas mais suaves não surtirem igual efeito.

Para além disso, ainda se admite que o Conselho de Segurança adote um procedimento provisório, podendo intercalarmente propor medidas temporárias: "A fim de evitar que a situação se agrave, o Conselho de Segurança poderá, antes de fazer as recomendações ou decidir a respeito

[97] Sobre o leque de sanções possíveis, v. Adriano Moreira, *Direito...*, pp. 151 e ss.; J. G. Starke, *Introduction...*, pp. 519 e ss.; Armando M. Marques Guedes, *Direito...*, pp. 262 e ss., e pp. 308 e ss.; André Gonçalves Pereira e Fausto de Quadros, *Manual...*, pp. 514 e ss.; Adherbal Meira Mattos, *Direito...*, pp. 455 e ss.; Nguyen Quoc Dinh, Patrick Daillier e Alain Pellet, *Droit...*, pp. 954 e ss.; José Luís Moreira da Silva, *Direito dos Conflitos...*, pp. 49 e ss.; Jorge Miranda, *Curso...*, pp. 265 e ss.

das medidas previstas no artigo 39º, instar as partes interessadas a aceitar as medidas provisórias que lhe pareçam necessárias ou aconselháveis"[98].

II. O pressuposto fundamental para a aplicação das medidas previstas no capítulo VII da Carta das Nações Unidas é o da verificação de que está ocorrendo uma "...qualquer ameaça à paz, rutura da paz ou ato de agressão..."[99].

Percebe-se que este endurecimento das medidas não acontece apenas na deflagração de um conflito armado, mas pode surgir dentro de uma ótica preventiva desse mesmo conflito.

A aplicação dessas medidas é, contudo, encarada sempre com gradualismo, uma vez que pode ser antecedida da formulação de recomendações com o propósito de ser evitada ou de ser feita cessar a situação de rutura, a fim de manter ou restabelecer a paz e a segurança internacionais.

III. As *sanções coativas não militares ou bélicas* – ainda que coativas no sentido de serem obrigações e não recomendações – não envolvem o uso da força e a Carta das Nações Unidas avança com o seguinte elenco[100], numa tipologia que é exemplificativa, outras podendo ser tomadas, na condição de se encaixarem no conceito geral de medidas aptas a "tornar efetivas as suas decisões", sem envolver o recurso à força armada[101]:

- a interrupção, completa ou parcial, das relações económicas;
- a interrupção, completa ou parcial, dos meios de comunicação ferroviários, marítimos, aéreos, postais, telegráficos, radioelétricos, ou de qualquer outra natureza;
- o rompimento das relações diplomáticas.

Embora diretamente não previstas, parece que se inscrevem nesta lógica das sanções não militares também quatro outras providências, que assim devem ser adicionadas:

[98] Art. 40º, primeira parte, da Carta das Nações Unidas.

[99] Art. 39º da Carta das Nações Unidas.

[100] Cfr. Armando M. Marques Guedes, *Direito...*, pp. 310 e ss.; Nguyen Quoc Dinh, Patrick Daillier e Alain Pellet, *Droit...*, pp. 997 e ss.

[101] Cfr. o art. 41º da Carta das Nações Unidas.

- a *retorsão*: implica uma ação não armada que se traduz numa desvantagem para o Estado que é vítima, como resposta a uma situação de violação do Direito Internacional Público;
- as *represálias*: significam o infligir de um dano como reação à infração que está sendo cometida, que em circunstâncias normais seria ilícita e que se aceita como resposta a uma atividade ilícita que é levada a cabo pelo Estado a quem são dirigidas;
- os *embargos ou sequestros*: significam a proibição de comerciar com o Estado que esteja na situação de prevaricação;
- os *boicotes* ou as *proibições*: significam a não participação do Estado infrator em atividades ou organizações internacionais.

IV. O uso da força armada, de acordo com a fenomenologia que tal atividade pressupõe[102], é referida pela Carta das Nações Unidas numa cláusula geral com estes termos: "...poderá levar a efeito, por meio de forças aéreas, navais ou terrestres, a ação que julgar necessária para manter ou restabelecer a paz e a segurança internacionais"[103].

Essa cláusula geral é depois tipificada em duas operações militares, nos três ramos possíveis das forças armadas, que a integram e que são[104]:

- as *demonstrações*; e
- os *bloqueios*.

Naturalmente que estas duas categorias não se referem à utilização mais óbvia da força armada, que é o uso da força através da ocupação física do Estado prevaricador, com tudo quanto isso implica nos atos que se impõem para restabelecer a legalidade internacional.

O uso da força militar pode ser feito diretamente pelos Estados, sendo autorizados a tanto, ou por forças das Nações Unidas, embora até ao momento este quadro próprio nunca tenha sido constituído.

Por outra parte, também se aceita que as organizações regionais sejam chamadas a colaborar na manutenção da paz e segurança internacio-

[102] Cfr. NGUYEN QUOC DINH, PATRICK DAILLIER e ALAIN PELLET, *Droit...*, pp. 1001 e ss.

[103] Art. 42º, primeira parte, da Carta das Nações Unidas.

[104] Cfr. o art. 42º, *in fine*, da Carta das Nações Unidas.

nais[105], dizendo que "O Conselho de Segurança utilizará, quando for caso disso, tais acordos e organizações regionais para uma ação coercitiva sob sua própria autoridade"[106].

16. As operações de paz

I. Domínio que tem assumido igualmente importância na atividade das Nações Unidas é o das *operações de paz*, que têm sido decretadas ao longa da sua atividade e praticamente desde a fundação[107].

O certo, porém, é que a Carta das Nações Unidas não refere a possibilidade de a Organização das Nações Unidas decretar tais operações[108], que implicam a utilização de meios militares para a efetivação da paz, mas que não exercem diretamente a força.

Contudo, nem por isso esta organização internacional se tem inibido de as levar por diante, melhor interpretando a Carta das Nações Unidas

[105] Cfr. Nguyen Quoc Dinh, Patrick Daillier e Alain Pellet, *Droit...*, pp. 1007 e ss.

[106] Art. 53º, nº 1, primeira parte, da Carta das Nações Unidas.

[107] Sobre estas operações de manutenção de paz, v. Paulo Canelas de Castro, *De quantas cartas...*, pp. 1029 e ss.; João Filipe Martins, *A ONU e os conflitos internacionais: os casos de Kosovo e de Timor-Leste sob o olhar atento do Ruanda*, in *Direito e Cidadania*, ano IV, nº 10/11, julho de 2000 a fevereiro de 2001, Praia, pp. 215 e ss.; Isabel Raimundo, *Imperativo humanitário e não ingerência – os novos desafios do Direito Internacional*, Lisboa, 1999, pp. 93 e ss.; Vítor Rodrigues Viana, *Segurança coletiva – a ONU e as operações de apoio à paz*, Lisboa, 2002, pp. 71 e ss.; Mónica Ferro, *As Administrações Transitórias das Nações Unidas e a construção do Estado de Timor-Leste*, in *Revista Portuguesa de Instituições Internacionais e Comunitárias*, nº 4, 2º semestre de 2002, Lisboa, 2002, pp. 201 e ss.; José Luís Moreira da Silva, *Direito dos Conflitos...*, pp. 59 e ss.; Pedro Raposo de Medeiros Carvalho, *Nações Unidas – um ator na resolução dos conflitos*, Lisboa, 2003, pp. 36 e ss.; Nguyen Quoc Dinh, Patrick Daillier e Alain Pellet, *Droit...*, pp. 1009 e ss.; Eduardo Correia Batista, *O poder público...*, pp. 605 e ss., e pp. 733 e ss.; Jónatas E. M. Machado, *Direito Internacional*, 3ª ed., Coimbra, 2003, pp. 664 e ss.; Maria do Céu Pinto, *As Nações Unidas e a manutenção...*, pp. 35 e ss.

[108] Cfr. Vítor Rodrigues Viana, *Segurança...*, p. 101; Mónica Ferro, *As Administrações...*, p. 206.

através da conjugação dos capítulos VI e VII, apesar de se reconhecer que as mesmas não se encaixam em nenhum deles:

- não no capítulo VI porque são mais do que meras medidas diplomáticas para a evitação e repressão dos conflitos, envolvendo a aplicação de meios militares;
- não no capítulo VII porque ficam aquém de uma utilização da força militar, que aí se encontra prevista contra as partes que ponham em causa a paz e a segurança internacionais[109].

A solução encontrada tem sido a da interpretação extensiva dos poderes literalmente previstos, numa fronteira entre as disposições de cada um daqueles capítulos, mas apoiando-se sempre no preâmbulo da Carta das Nações Unidas e no seu objetivo primordial de manutenção da paz e da segurança internacionais[110].

Como disse o General DAG HAMMARSKJÖLD, antigo Secretário-Geral da Organização das Nações Unidas e assassinado no exercício das suas funções, e que também pioneiramente utilizara a expressão "Peace keeping operations", as operações de manutenção de paz corresponderiam a um capítulo da Carta das Nações Unidas que teria ficado por redigir – o capítulo "seis e meio"[111].

II. Com a prática alcançada em múltiplas situações de conflito internacional, o Conselho de Segurança das Nações Unidas veio apresentar, em 3 de maio de 1994, uma nota contendo os fatores da decretação das operações de manutenção de paz, com o objetivo de reduzir a discricionariedade decisória nessa matéria[112]:

- a existência de uma ameaça à paz e à segurança internacionais;

[109] Como escreve VÍTOR RODRIGUES VIANA (*Segurança...*, p. 86), "Na verdade, se por um lado, estas operações ficam muito aquém, em termos de medidas coercivas, das disposições do capítulo VII da Carta, por outro lado, ultrapassam largamente as medidas estritamente diplomáticas, ou as previstas no capítulo VI, que trata da solução pacífica dos conflitos".

[110] Cfr. o art. 1º, nº 1, da Carta das Nações Unidas. Cfr. MARIA DO CÉU PINTO, *As Nações Unidas e a manutenção...*, p. 35.

[111] Cfr. VÍTOR RODRIGUES VIANA, *Segurança...*, p. 86.

[112] Cfr. VÍTOR RODRIGUES VIANA, *Segurança...*, p. 143.

- a existência de um cessar-fogo;
- a verificação da disponibilidade de entidades regionais para implantarem uma força de paz;
- a existência de um objetivo político claro suscetível de ser traduzido num mandato;
- um mandato preciso; e
- a existência de razoáveis garantias de segurança para o pessoal da Organização das Nações Unidas.

É da maior importância tal documento: não só se balizam os termos da criação das operações de paz como também ele testemunha a inequívoca aceitação deste mecanismo de pacificação das relações internacionais no seio da Organização das Nações Unidas e ao mais alto nível do Conselho de Segurança.

III. Numa observação de cunho histórico, as operações de paz têm sido variadas, pelo que se pode identificar cinco fases na respetiva evolução desde a fundação da Organização das Nações Unidas, tal como propõe VÍTOR RODRIGUES VIANA[113], às quais não foram alheias as tensões existentes no plano da política internacional em geral[114], falando MARIA DO CÉU PINTO, a este propósito, de diversas "gerações" de operações de manutenção de paz[115]:

- a 1ª fase de cunho experimental, de 1948 a 1956;
- a 2ª fase de afirmação internacional, de 1956 a 1967;
- a 3ª fase de estagnação, de 1967 a 1973;
- a 4ª fase de renascimento, de 1973 a 1988; e
- a 5ª fase de expansão, a partir do fim da guerra fria.

[113] Cfr. VÍTOR RODRIGUES VIANA, *Segurança...*, pp. 97 e ss.

[114] E que seriam cinco: um período inicial antifascista, de 1945 a 1947; um período depois antissoviético, entre 1948 e 1954; um posterior período anticolonialista, entre 1955 e 1963; um período mais recente de auxílio aos países subdesenvolvidos, de 1964 a 1988; e um período atual multifuncional, de generalização da copoperação e de evitação e repressão dos conflitos, desde 1989. Cfr. VÍTOR RODRIGUES VIANA, *Segurança...*, p. 97.

[115] Cfr. MARIA DO CÉU PINTO, *As Nações Unidas e a manutenção...*, pp. 72 e ss

No presente momento, são mais de 40 as missões de paz que as Nações Unidas já puderam levar a cabo, em correspondência com cada uma dessas cinco fases de evolução, embora se possa dizer que o ponto de viragem foi o do fim da guerra fria, com apenas 13 operações criadas até então, e depois disso em muito maior número[116].

IV. As operações de paz instalam-se no território outrora palco de combates e visam a consolidação de um cessar-fogo, ao mesmo tempo lançando as bases da normalização da vida do Estado, incluindo os seus serviços essenciais, sendo compostas por soldados da Organização das Nações Unidas, os "capacetes azuis", emprestados pelos Estados que nelas participam.

Mas as operações de paz, até por causa do seu apenas implícito fundamento normativo-internacional, não são de exercício livre e submetem-se a orientações internacionais muito próprias, as quais podem enquadrar-se nestes três princípios, que estruturam os respetivos efeitos[117]:

– o *princípio do consentimento das partes envolvidas*: a intervenção da Organização das Nações Unidas com estas características depende de vontade dos contendores nesse sentido formulada;
– o *princípio da imparcialidade dos agentes da manutenção de paz*: os agentes da Organização das Nações Unidas não devem conferir tratamentos preferenciais às diversas partes envolvidas; e
– o *princípio da não utilização da força, exceto em legítima defesa*: as forças da Organização das Nações Unidas não são forças militares de ação, pelo que não podem usar da força, a não ser num condicionalismo de legítima defesa.

V. Nos finais da década de 80, porém, a Organização das Nações Unidas foi sendo confrontada com a necessidade de "muscular" certas operações de paz, passando a ser, não já de estrita manutenção de paz, mas de *imposição da paz,* originando operações de paz de duas categorias distintas, oscilando entre a consensualidade e a coercitividade na respetiva instalação nos territórios em causa:

[116] Cfr. a listagem de Vítor Rodrigues Viana, *Segurança...*, pp. 408 e ss.
[117] Cfr. Vítor Rodrigues Viana, *Segurança...*, p. 103.

- *forças restritas*, compostas por um reduzido número de observadores, que apenas pretendem garantir o respeito pelo acordo de paz assinado, e *mantendo a paz* (*peace keeping*);
- *forças amplas*, fortemente militarizadas, que implicam a deslocação de forças militares, com uso de armamento equiparável ao de um verdadeiro exército regular, e *impondo a paz* (*peace enforcement*)[118].

Nalguns casos, as missões das Nações Unidas, dentro de uma ótica de consolidação da paz, vão mais longe e exercem poderes de natureza transitória, com o objetivo da construção dos Estados (*State building*)[119].

Daí que seja hoje possível atribuir um leque mais diversificado de funções às operações de paz, que cada vez mais se distanciam de um estrito e único figurino, assim se refletindo sobre o respetivo conteúdo:

- a supervisão de um cessar-fogo;
- a desmobilização de forças e grupos armados, bem como o seu regresso à vida civil;
- a destruição de armamentos;
- a elaboração e aplicação de programas de desminagem;
- o controlo de refugiados e deslocados;

[118] Como escreve Vítor Rodrigues Viana (*Segurança*..., p. 152): "Muito embora a natureza pacífica tradicional das forças de «*manutenção da paz*» deva ser mantida, no futuro, com o objetivo de atuar em certos cenários com o consentimento das partes envolvidas, situações haverá que poderão exigir a utilização da força militar, sem o consentimento das partes envolvidas, para pôr fim a determinados casos de violência. Contudo, tal utilização pressupõe que todos os mecanismos para a solução pacífica do conflito tenham sido esgotados, que o mesmo configure uma ameaça à paz e à segurança internacionais ou constitua uma tragédia humanitária intolerável, e que certas condições pré-estabelecidas para a utilização dessa força sejam respeitadas".

[119] Como refere Mónica Ferro (*As Administrações*..., p. 202), "Em rigor, as operações de construção de Estados (*state building*) são operações de consolidação de paz. Operações em que a Organização das Nações Unidas (primeira, mas não exclusivamente) desempenha algumas ou todas as competências soberanas, numa base temporária, enquanto trabalha com os líderes políticos e da sociedade civil locais para desenvolver as instituições de governo, tendo a democratização como meta final, preparando-as para o exercício de uma boa governação". Cfr. também Francis Fukuyama, *State Building – Governance and World Order in the Twenty-First Century*, London, 2004, pp. 124 e ss.

- a prestação de auxílio humanitário;
- a supervisão das estruturas administrativas existentes;
- o estabelecimento de novas forças armadas ou policiais;
- a verificação do respeito pelos direitos humanos;
- a elaboração de reformas constitucionais, legislativas e eleitorais;
- a observação, supervisão e organização de atos eleitorais;
- a coordenação de apoios em vista da reabilitação económica e da reconstrução nacional[120].

VI. A correspondência mais atualizada quanto às várias operações de paz permite a seguinte síntese, havendo que diferenciar entre a esmagadora maioria, que implica o consentimento das partes, e a outra que vai para além ou contra esse consentimento[121], tal como se propõe na Agenda para a Paz da Organização das Nações Unidas, de 1995:

- a *diplomacia preventiva* (*preventive diplomacy*): o conjunto de medidas destinadas a evitar que diferendos se agravem, aumentando de tensão ou degenerando em conflitos armados;
- o *estabelecimento da paz* (*peace making*): o conjunto de medidas destinadas a alcançar um acordo entre as partes, com o uso dos meios pacíficos;
- a *manutenção de paz* (*peace keeping*): o conjunto de medidas destinadas a garantir a presença de forças da Organização das Nações Unidas através de efetivos militares ou policiais, bem como elementos civis;
- a *consolidação da paz* (*peace building*): o conjunto de medidas destinadas a fortalecer as estruturas do Estado, com o objetivo de evitar o recomeço das hostilidades, e lançando os caboucos de um futuro Estado;
- a *imposição da paz* (*peace enforcement*): o conjunto de medidas destinadas a garantir a presença de efetivos militares e policiais da Organização das Nações Unidas para impor a pacificação das relações entre as partes em conflito, prescindindo-se do respetivo consentimento[122].

[120] Cfr. Vítor Rodrigues Viana, *Segurança...*, p. 106.

[121] Cfr. Vítor Rodrigues Viana, *Segurança...*, pp. 112 e 113.

[122] Sobre Portugal e as operações de paz, v., por todos, AAVV, *Portugal e as operações de paz – uma visão multidimensional* (dir. de Adriano Moreira), Lisboa, 2009, pp. 145 e ss.

17. A exceção da legítima defesa internacional

I. A *legítima defesa* ainda resistiu, a título residual, como mecanismo de justiça privada no mais complexo nível dos conflitos internacionais que fazem perigar a paz e a segurança internacionais[123].

Dela expressamente se ocupa a Carta das Nações Unidas, num importante preceito em que se prescreve o seguinte: "Nada na presente Carta prejudicará o direito inerente de legítima defesa individual ou coletiva, no caso de ocorrer um ataque armado contra um membro das Nações Unidas, até que o Conselho de Segurança tenha tomado as medidas necessárias para a manutenção da paz e da segurança internacionais"[124].

Mas esse é um direito que sofre fortes limitações circunstanciais: "As medidas tomadas pelos membros no exercício desse direito de legítima defesa serão comunicadas imediatamente ao Conselho de Segurança e não deverão, de modo algum, atingir a autoridade e a responsabilidade que a presente Carta atribui ao Conselho para levar a efeito, em qualquer elemento, a ação que julgar necessária à manutenção ou ao restabelecimento da paz e da segurança internacionais"[125].

Escusado será dizer que esta é uma das matérias que só pode ficar altamente beneficiada com o apoio das dogmáticas, muito mais sedimentadas, do Direito Penal e do Direito Civil.

[123] Sobre a legítima defesa internacional, v. JOSEPH KUNZ, *Individual and collective self-defence in article 51 of the Charter of the United Nations*, in *American Journal of International Law*, 1947, pp. 872 e ss.; KRZYSZTOF JAN SKUBISZEWSKI, *Use...*, pp. 739 e ss.; NUNO E SOUSA, *Curso...*, p. 201; ANTONIO CASSESE, *Article 51*, pp. 771 e ss.; ARMANDO M. MARQUES GUEDES, *Direito...*, pp. 276 e 277 e pp. 328 e ss.; ANDRÉ GONÇALVES PEREIRA e FAUSTO DE QUADROS, *Manual...*, pp. 483 e ss.; JEAN TOUSCOZ, *Direito...*, pp. 358 e ss.; ANTÓNIO CABRAL DE MONCADA, *Curso...*, I, pp. 87 e ss.; PAULO CANELAS DE CASTRO, *De quantas cartas...*, pp. 1031 e ss.; FAUSTO DE QUADROS e JORGE BACELAR GOUVEIA, *As relações...*, pp. 34 e ss.; NGUYEN QUOC DINH, PATRICK DAILLIER e ALAIN PELLET, *Droit...*, pp. 941 e ss.; JOSÉ LUÍS MOREIRA DA SILVA, *Direito dos Conflitos...*, pp. 18 e ss.; EDUARDO CORREIA BATISTA, *O poder público...*, pp. 112 e ss.; JORGE MIRANDA, *Curso...*, pp. 259 e ss.; SOFIA SANTOS, *Die Reform des Sicherheitsrates...*, pp. 63 e ss.; JOSÉ PINA DELGADO, *Legítima defesa e antecipação no Direito Internacional – desenvolvimentos recentes*, in *Revista de Direito Público*, nº 2, julho-dezembro de 2009, pp. 133 e ss.; SOFIA SANTOS, *O uso da força no Direito Internacional...*, pp. 538 e ss.

[124] Art. 51º, primeira parte, da Carta das Nações Unidas.

[125] Art. 51º, segunda parte, da Carta das Nações Unidas.

II. Os *pressupostos da legítima defesa* relacionam-se com a existência de um "ataque armado", noção que integra a prática de um ato ilícito contra os bens dos sujeitos internacionais, fundamentalmente pensando-se nos mais relevantes valores do ponto de vista da cena internacional, como são o regime político e a integridade territorial dos Estados[126].

No tocante à noção de ataque armado, sobretudo depois de tantas evoluções tecnológicas no domínio do armamento, ela tornou-se mais difusa, fugindo dos conceitos clássicos, assim hoje podendo corresponder, mais amplamente, a qualquer operação ou ato com o efeito de infligir um prejuízo ou dano no Estado e nos seus elementos fundamentais[127].

Tendo essa especial preocupação, a Assembleia Geral das Nações Unidas aprovou uma resolução tipificando diversos casos em que tal conceito se consideraria verificado, numa listagem exemplificativa[128], uso da força que não é permitido à luz do novo Direito Internacional dos Conflitos Armados:

- a invasão ou o ataque por forças armadas de um Estado sobre o território de outro Estado, incluindo a ocupação militar e a anexação;
- o bombardeamento por forças armadas de um Estado do território de outro Estado, incluindo o emprego de quaisquer armas;
- o bloqueio dos portos ou das costas de um Estado pelas forças armadas de outro Estado;
- o ataque por forças armadas de um Estado contra as forças armadas terrestres, navais ou aéreas de outro Estado, bem como contra a sua frota mercante;
- o uso das forças armadas localizadas no território de outro Estado sem consentimento deste ou o prolongamento da sua presença sem esse consentimento;

[126] Sobre este conceito numa ótica de Direito Constitucional, v., por todos, Jorge Bacelar Gouveia, *O estado de exceção...*, II, pp. 781 e ss.

[127] Cfr. André Gonçalves Pereira e Fausto de Quadros, *Manual...*, p. 484; Jorge Bacelar Gouveia, *O estado de exceção...*, II, pp. 781 e ss.; Fausto de Quadros e Jorge Bacelar Gouveia, *As relações...*, pp. 37 e 38.

[128] Cfr. a Resolução nº 3314 (XXIX) da Assembleia Geral da Organização das Nações Unidas, de 14 de dezembro de 1974.

- a permissão dada por um Estado de utilizar o seu território para empreender uma ação armada contra um terceiro Estado;
- o envio de grupos ou bandos armados por parte de um Estado, ou em seu nome, praticando atos armados de gravidade equiparada à dos atos anteriormente referidos.

Mais complexamente, essa agressão, que tem subjacente uma ação voluntária organizada contra aqueles valores, deve apresentar-se com as características da atualidade ou da iminência: a atualidade implica que esteja a acontecer e a iminência quer dizer que está prestes a acontecer, embora nesta hipótese não seja fácil operar a delimitação da situação que lhe antecede, que já não justificaria a legítima defesa.

III. Os *efeitos da legítima defesa*[129] consistem na aplicação do uso da força com o objetivo de repelir o ataque armado que está sendo perpetrado contra a respetiva vítima:

- *subjetivamente*: a legítima defesa pode ser levada a cabo pelo próprio Estado que seja destinatário do ataque armado, o que bem se explica no conceito de defesa, legítima defesa que neste caso é própria, como também pela possibilidade de ser protagonizada por Estados terceiros, que assim realizam uma legítima defesa alheia, até podendo vir a suceder institucionalmente no seio de organizações internacionais militares que têm o objetivo de estruturar uma legítima defesa coletiva, como é o que se passa com a Organização do Tratado do Atlântico Norte[130], ainda que a sua criação tivesse

[129] Cfr. André Gonçalves Pereira e Fausto de Quadros, *Manual...*, pp. 484 e 485; Fausto de Quadros e Jorge Bacelar Gouveia, *As relações...*, pp. 38 e 39.

[130] Organização internacional de defesa criada pelo Tratado do Atlântico Norte.

sido contestada na comunidade internacional[131], a começar pela então União das Repúblicas Socialistas Soviéticas[132];

- *objetivamente*: importa referir que essa ação de resposta em legítima defesa está internamente limitada, ao não poder surgir fora do contexto que venha a ser recortado pelo princípio da proporcionalidade, claramente se proibindo o excesso de legítima defesa;
- *procedimentalmente*: o exercício da legítima defesa é sempre provisório, devendo terminar logo que o Conselho de Segurança tome as medidas que considere apropriadas, com isso se restabelecendo o monopólio público do uso da força.

IV. Têm sido várias as questões que o direito de legítima defesa tem suscitado na comunidade internacional, tanto no plano da ação política como no campo da discussão jurídica. E não sendo de aceitar a falência do instituto perante os recentes desafios que se têm colocado à segurança internacional, sobretudo nos novos moldes em que o terrorismo se tem organizado depois do 11 de setembro de 2001, é inquestionável que se impõe uma atualização do mecanismo.

Como afirma Sofia Santos, "...as regras respeitantes ao uso da força não evoluiram de modo a fazer face às ameaças à segurança nas relações internacionais, encontrando-se a sua interpretação e extensão no

[131] A disposição correspondente da Organização do Tratato do Atlântico Norte, constante do seu tratado constitutivo, assinado em Washington a 4 de abril de 1949, é o art. 5º do Tratado do Atlântico Norte, em que se preceitua o seguinte: "As Partes concordam em que um ataque armado contra uma ou várias delas na Europa ou na América do Norte será considerado um ataque a todas e, consequentemente, concordam com que, se um tal ataque armado se verificar, cada uma, no exercício do direito de legítima defesa, individual ou coletiva, reconhecido pelo artigo 51º da Carta das Nações Unidas, prestará assistência à Parte ou Partes assim atacadas, praticando sem demora, individualmente e de acordo com as restantes Partes, a ação que considerar necessária, inclusive o emprego da força armada, para restaurar e garantir a segurança na região do Altântico Norte".

[132] Cfr. Nguyen Quoc Dinh, Patrick Daillier e Alain Pellet, *Droit...*, p. 945. E assim vigorou, por algumas décadas, o Pacto de Varsóvia, assinado nesta cidade em 14 de maio de 1955, como resposta ao Pacto do Atlântico, contendo uma disposição similar no seu art. 4º

centro de uma divisão profunda entre Estados-Membros e na doutrina jusinternacionalista"[133].

V. São dois os problemas fundamentais: a natureza da agressão que justifica uma legítima defesa e o momento a partir do qual esta mesma defesa se aceitável[134].

Quanto ao primeiro problema, tem vindo a fazer caminho a interpretação que considera a legítima defesa igualmente possível contra agressões não estatais se as mesmas revelarem escala e efeito suficientes para justificar tal resposta.

Quanto ao outro problema, têm sido defendidos entendimentos de "antecipação" da legítima defesa em relação ao sentido da agressão atual, hipóteses que são conhecidas como "defesa preventiva" e "defesa preemptiva":

- na "defesa preventiva", a resposta poderia ocorrer antes de o ataque se iniciar no sentido de ser uma defesa antecipada em relação ao momento em que se considera a agressão estar prestes a acontecer;
- na "defesa preemptiva", seria aceitável que a resposta que ocorresse mesmo não havendo qualquer ataque iminente, solução propugnada pela literatura anglo-americana e politicamente utilizada pela Administração George W. Bush, fundamentalmente com o argumento da imprevisibilidade das ameaças internacionais perante o risco da utilização das armas de destruição massiva.

[133] Sofia Santos, *O uso da força no Direito Internacional...*, p. 542.

[134] Cfr. Sofia Santos, *O uso da força no Direito Internacional...*, pp. 544 e ss.

Capítulo IV

Direito Internacional Humanitário

§ 7º EVOLUÇÃO DO DIREITO INTERNACIONAL HUMANITÁRIO

18. As diversas fases de desenvolvimento

I. Ao lado dos casos em que o uso da força é internacionalmente lícito, vigora o *Direito Internacional Humanitário*[135], o capítulo do Direito Internacional Público e da Segurança que, sob a ótica da proteção humanitária, estabelece o regime do tratamento de feridos, prisioneiros e populações civis em tempo de conflito armado.

[135] Sobre o Direito Internacional Humanitário, v. JOAQUIM DA SILVA CUNHA, *Direito Internacional...*, III, pp. 152 e ss.; ISABEL RAIMUNDO, *Imperativo humanitário...*, pp. 33 e ss.; NGUYEN QUOC DINH, PATRICK DAILLIER e ALAIN PELLET, *Droit...*, pp. 978 e ss.; VÉRONIQUE HAROUEL-BURELOUP, *Traité de Droit Humanitaire*, Paris, 2005, pp. 15 e ss.; JORGE BACELAR GOUVEIA, *Direito Internacional Humanitário – Introdução e Textos Fundamentais*, Coimbra, 2006, pp. 7 e ss., e *Manual de Direito Internacional...*, pp. 790; LEONARDO ESTRELA BORGES, *O Direito Internacional Humanitário: a proteção do indivíduo em tempo de guerra*, Belo Horizonte, 2006, pp. 1 e ss.; ABDELWAHAB BIAD, *Droit International humanitaire*, 2ª ed., Paris, 2006, pp. 7 e ss.; ORIOL CASANOVAS Y LA ROSA, *El Derecho Internacional Humanitário en los conflictos armados*, in MANUEL DIEZ DE VELASCO, *Instituciones de Derecho Internacional Público*, 16ª ed., Madrid, 2007, pp. 1063 e ss.; MICHEL BÉLANGER, *Droit International humanitaire général*, 2ª ed., Paris, 2007, pp. 15 e ss.; NGUYEN QUOC DINH, PATRICK DAILLIER e ALAIN PELLET, *Droit...*, pp. 978 e ss.; MARIA DA ASSUNÇÃO DO VALE PEREIRA, *Algumas considerações acerca da proteção da mulher no Direito Internacional Humanitário*, in AAVV, *Estudos em Comemoração do Décimo Aniversário da Licenciatura em Direito da Universidade do Minho*, Coimbra, 2004, pp. 545 e ss.; JOSÉ FRANCISCO REZEK, *Direito...*, pp. 375 e ss.

Compreender-se-á que a sua importância circunstancial vá diminuindo à medida que as ocasiões para a sua aplicação também venham a decrescer, o que tem sido, de resto, uma linha contínua de evolução.

II. Contudo, esse decréscimo no seu relevo fáctico está longe de o tornar inútil porque as intervenções militares, muitas vezes à revelia dos preceitos internacionais de proscrição da guerra, se têm sucedido.

Ora, é aqui que pode residir a sua autonomia substancial, sem sequer falando da importância dos valores perenes que diretamente protege: se as normas que condenam o uso unilateral da força não são efetivas, ao menos que este reduto do Direito Internacional, menos problemático de cumprir, se mantenha na sua plena efetividade.

III. O Direito Internacional Humanitário nasceu intimamente associado a um sujeito internacional não estadual: a Cruz Vermelha Internacional[136], que o marcou desde logo através do seu Comité Internacional.

É assim possível dizer que um mesmo momento assinalou a relevância internacional desta organização e do Direito Internacional Humanitário.

IV. A evolução deste capítulo do Direito Internacional pode ser compreendida, para além daquele momento fundador, mais simbólico que regulativo, em três fases distintas[137]:

- uma primeira fase, em 1899 e em 1907, nas Convenções da Haia;
- uma segunda fase, em 1949, nas Convenções de Genebra; e
- uma terceira fase, em 1977, nos seus dois Protocolos Adicionais.

Há ainda quem acrescente um posterior conjunto de regras – o Direito de Nova Iorque – criado no seio da atividade da Organização das Nações Unidas, que se tem multiplicado no campo da proteção das vítimas de conflitos armados, na sequência da Resolução da Assembleia Geral nº 2444, adotada em 1968, nela se pugnando pelo respeito dos direitos humanos em período de conflito armado.

[136] Cfr. Isabel Raimundo, *Imperativo humanitário...*, pp. 116 e ss.

[137] Cfr. Maria Barroso Soares, *Cruz Vermelha*, Lisboa, 2002, pp. 21 e 22.

É assim de não esquecer vários outros documentos internacionais que, dispersamente, têm estabelecido outras limitações no uso da força da ótica do Direito Internacional Humanitário, mas que não se filiam em nenhuma ocasião especial, antes refletem a evolução e o fruto das circunstâncias que se sucederam depois daqueles momentos polarizadores das codificações internacionais que nesta matéria foram levadas a cabo.

19. O Direito da Haia (1ª fase)

I. A primeira fase, que integra o chamado Direito da Haia, tem um interesse essencialmente militar – que incluiu tanto as duas Convenções de 1899, celebradas na 1ª Conferência, como as 13 Convenções de 1907, realizadas numa 2ª Conferência e que vieram substituir aquelas – e corresponde à codificação das clássicas regras sobre o uso da força, tocando nos seguintes temas:

- Proibição do uso da força para a cobrança de dívidas (Convenção Drago-Porter);
- Abertura de hostilidades;
- Leis e costumes da guerra terrestre;
- Direitos e deveres dos Estados neutros em caso de guerra terrestre;
- Regime dos barcos mercantes ao iniciarem as hostilidades;
- Transformação de navios mercantes em navios de guerra;
- Colocação de minas submarinas;
- Bombardeamento de forças navais em tempo de guerra;
- Aplicação à guerra marítima dos princípios da Convenção de Genebra;
- Restrições ao direito de captura na guerra marítima;
- Criação de um Tribunal Internacional de Presas;
- Direitos e deveres dos Estados neutros na guerra marítima;
- Declaração sobre a proibição de lançamento de projectéis e explosivos por aeróstatos.

II. Mais tarde, já fora deste período codificador, outras convenções seriam celebradas com o mesmo intuito de limitação do uso da força: o Protocolo de Genebra de 17 de junho de 1925, sobre a proibição do uso na guerra de gases asfixiantes, tóxicos ou análogos, em reação à nefasta experiência da I Guerra Mundial; a Convenção de Genebra de 27 de julho de 1929, sobre o tratamento de feridos em combate, doentes e prisioneiros de guerra; o Tratado de Londres de 22 de abril de 1930; e o Protocolo de Londres de 6 de novembro de 1936 sobre guerra submarina.

20. O Direito de Genebra (2ª fase)

I. A segunda fase, ocorrida em 1949, correspondendo ao Direito de Genebra, é aquela que marcou o sentido profundo do Direito Internacional Humanitário, bastando lembrar o facto de ter surgido no rescaldo de um sangrento conflito mundial, a que se impunha dar uma adequada resposta, acarretando a revogação de parte das normas do Direito da Haia[138].

Foi então organizada uma Conferência Diplomática em Genebra, dela tendo saído as quatro Convenções de Direito Internacional Humanitário[139], todas de 12 de agosto de 1949:

- 1ª Convenção: para melhorar a situação dos feridos e doentes das forças armadas em campanha;

[138] Como escreve JOSÉ FRANCISCO REZEK (*Direito...*, p. 375), "A guerra repontava agora como ilícito internacional, o que por certo fazia caducar uma série de normas – notadamente avençadas na Haia – sobre o ritual militar, mas não varria da cena internacional a perspetiva da eclosão de conflitos armados não menos sangrentos e duradouros que as guerras declaradas de outrora".

É de referir, *v. g.*, o caso da II Convenção, que pelo seu art. 58º substituiu a X Convenção da Haia, de 18 de outubro de 1907, ou o caso da I Convenção, que no seu art. 59º dispõe que "A presente Convenção substitui as Convenções de 22 de agosto de 1864, de 6 de julho de 1906 e de 27 de julho de 1929...".

[139] O sentido geral deste Direito de Genebra abrange as seguintes orientações, tal como propõe JOSÉ FRANCISCO REZEK (*Direito...*, p. 375): a proteção dos soldados fora de combate na situação de feridos, doentes ou náufragos; a proteção dos soldados reduzidos ao estatuto de prisioneiros de guerra em caso de captura ou rendição; a proteção das pessoas dos serviços de socorro, como enfermeiros e médicos, mas também capelães, administradores e transportadores sanitários; e a proteção dos não combatentes como membros da população civil.

- 2ª Convenção: para melhorar a situação dos feridos, doentes e náufragos das forças armadas no mar;
- 3ª Convenção: relativa ao tratamento dos prisioneiros de guerra;
- 4ª Convenção: relativa à proteção das pessoas civis em tempo de guerra[140].

II. Estas Convenções de Genebra assentam ainda em três princípios orientadores da atividade de proteção no seio do exercício da força[141]:

- o *princípio da neutralidade*, através do qual o intuito de socorrer os feridos nunca pode ser considerado como se estando a tomar parte por uma das partes beligerantes;
- o *princípio da não discriminação*, pelo qual essa atividade não pode ser discriminatória em nome de qualquer critério que seja considerado inadmissível, como a língua, a raça ou a religião, de entre outros; e
- o *princípio da responsabilidade*, caso em que o Estado que procede à proteção responde pela sorte das pessoas protegidas.

III. Em 1977, na sequência de outra conferência diplomática, foram aprovados dois Protocolos Adicionais àquelas Quatro Convenções de Genebra, com o intuito de aperfeiçoar a proteção, em face de novos desenvolvimentos na tecnologia do armamento e das próprias ciências militares[142]:

- 1º Protocolo Adicional: extensão da proteção humanitária aos efeitos diretos das hostilidades internacionais, incluindo as guerras de libertação nacional;
- 2º Protocolo Adicional: reforço das garantias de proteção conferida aos civis no âmbito dos conflitos internos[143].

[140] Em Portugal, aprovadas para ratificação pelo Decreto-Lei nº 42 991, de 26 de maio de 1960, publicado o respetivo texto oficial português no *Diário do Governo*, I série, nº 123, de 26 de maio de 1960, pp. 1121 e ss.

[141] Cfr. José Francisco Rezek, *Direito...*, pp. 375 e 376.

[142] Cfr. José Francisco Rezek, *Direito...*, p. 376.

[143] Ambos os anexos já vinculando Portugal, conforme o Decreto do Presidente da República nº 10/92, de 1 de abril, tendo a respetiva tradução oficial sido publicada no *Diário da República*, I série-A, nº 77, de 1 de abril de 1992, pp. 1515 e ss.

21. O Direito de Nova Iorque (3ª fase)

I. A mais recente evolução do Direito Internacional Humanitário – aquilo que se vai designando por "Direito de Nova Iorque", ao partir do labor da própria Assembleia Geral das Nações Unidas – tem aprofundado uma proteção cada vez mais específica, para se enfrentar vários problemas pontuais, tendo sido elaboradas algumas convenções internacionais[144]:

- a Convenção sobre proteção de bens culturais, de 1954;
- a Convenção sobre a proibição de armas bacteriológicas, de 1972;
- a Convenção sobre a proibição de certas armas consideradas excessivamente lesivas ou geradoras de efeitos indiscriminados; e
- a Convenção de Genebra sobre a proibição das armas químicas, de 1992.

II. Mesmo assim, não se deixa atualmente de considerar que estas são normas insuficientes porque a tecnologia do armamento evolui mais depressa do que as normas aplicáveis, sendo de ponderar a consideração de outras ameaças, indiretamente provocadas pela guerra, a merecer a proteção da ótica das populações civis.

[144] Cfr. as referências de José Francisco Rezek, *Direito...*, pp. 377 e 378.

§ 8º CONSTRUÇÃO DO DIREITO INTERNACIONAL HUMANITÁRIO

22. Os princípios fundamentais

I. A evolução que se verificou ao longo destas diversas fases, que se inscrevem no comum propósito de limitar o uso da força e de permitir a humanização dos prejuízos da guerra, possibilitou a formação de um corpo sistemático de normas e princípios, assenta na distinção das relações jurídicas internacionais entre os beligerantes – a *situação de guerra* – e os não beligerantes – o *estatuto da neutralidade*[145].

II. No tocante à *situação de guerra*, foram estabelecidas orientações quanto a diversos tópicos que interessam às relações internacionais na pendência desse estatuto:

- a declaração de guerra e o fim da guerra, com regras formais quanto ao início no caso de *ultimatum* e com limitações na celebração do tratado de paz;
- o exercício da guerra, sendo terrestre, marítima e aérea, havendo regras que limitam o uso das força nesses diversos cenários bélicos;
- os efeitos da situação de guerra entre os beligerantes, daí derivando a rutura das relações diplomáticas e consulares, bem como a suspensão de outros tratados, para além da expulsão de cidadãos inimigos e a proibição de relações económicas, de entre outros efeitos.

[145] Cfr. Joaquim da Silva Cunha, *Direito Internacional...*, III, pp. 201 e ss.; Adherbal Meira Mattos, *Direito...*, pp. 463 e ss.; José Francisco Rezek, *Direito...*, pp. 371 e ss.

III. Em relação ao *estatuto de neutralidade*, impõem-se importantes efeitos que se desdobram entre direitos e deveres:

- direitos: os direitos de inviolabilidade do território dos Estados neutrais e de livre comércio;
- deveres: o dever de abstenção, que veda qualquer tipo de auxílio que possa ser prestado aos contendores, e o dever de imparcialidade, que força a que os Estados neutrais tratem em igualdade de circunstâncias os beligerantes, ficando impedidos de favorecer uns em detrimento de outros.

23. A questão da ingerência humanitária; a responsabilidade de proteger

I. Paralelamente à construção do Direito Internacional Humanitário, tem sido frequentemente discutido o interessante tema da *ingerência humanitária*, o mesmo é dizer em que termos pode um Estado – ou qualquer outro sujeito internacional – intervir no território de outro Estado, em socorro de populações vítimas, perante a oposição do Estado respetivo[146].

Naturalmente que a intervenção humanitária, quando autorizada e até solicitada, não suscita qualquer dificuldade, uma vez que respeita escrupulosamente as regras internacionais aplicáveis, a começar pela soberania territorial onde se vai realizar a intervenção[147].

[146] Sobre esta complexa questão da ingerência humanitária, v. Mafalda Ramos Carmona, Maria de Fátima B. Silva, Maria Inês Alves Vieira e Susana Vital Figueiredo, *Direito de intervenção humanitária*, in *Revista Jurídica*, nº 20, novembro de 1996, pp. 259 e ss.; Mario Bettati, *O direito de ingerência – mutação da ordem internacional*, Lisboa, 1997, pp. 11 e ss.; José Manuel Avelino de Pina Delgado, *A Carta das Nações Unidas e a legalidade das intervenções humanitárias unilaterais*, in *Direito e Cidadania*, ano V, nºs 16/17, setembro de 2002 a abril de 2003, Praia, pp. 59 e ss.; Maria da Assunção do Vale Pereira, *A intervenção humanitária no Direito Internacional Contemporâneo*, Coimbra, 2009, pp. 23 e ss.

[147] Cfr. Mario Bettati, *O direito...*, pp. 17 e ss.

II. A dificuldade existe, no entanto, nos casos em que essa intervenção não é permitida, tácita ou expressamente, colocando-se em paralelo a questão de saber se há apenas um direito de ingerência ou se há mesmo um dever de ingerência, em nome dos valores internacionais de proteção dos direitos humanos mais elementares.

Uma coisa, porém, parece certa, tal como o enfatiza Mario Bettati: "O princípio da soberania já não é, pois, a fortificação inexpugnável dos Estados com a qual as solidariedades se deparam em relação aos povos. Foram conseguidos progressos sensíveis para permeabilizar as fronteiras às entre-ajudas exteriores"[148].

III. Recentemente, a questão da ingerência tem suscitado a construção do instituto da "responsabilidade de proteger", em nome da necessidade de a comunidade internacional se sobrepor à soberania territorial quando está em causa a proteção dos direitos humanos, fazendo funcionar a coatividade inerente às medidas previstas no capítulo VII da carta das Nações Unidas.

Mas como frisa Sofia Santos, "Uma implementação *de facto* não se encontra assegurada e a prática não se revela uniforme. As graves violações dos direitos humanos na região de Darfur entre 2003 e 2010 e, mais recentemente, na Síria, na sequência de medidas repressivas levadas a cabo pelo Governo contra a oposição e que tiveram início em Março de 2011, revelam uma ausência de vontade política por parte de determinados Estados-Membros, nestes casos a China e a Rússia, respetivamente, em aceitar uma responsabilidade vinculativa de proteger a população de outro Estado, mesmo quanto este não o faz"[149].

148 Mario Bettati, *O direito...*, p. 324.

149 Sofia Santos, *O uso da força no Direito Internacional...*, p. 553.

Capítulo V

Direito Internacional Penal

§ 9º A RESPONSABILIDADE PENAL INTERNACIONAL

24. A afirmação progressiva da responsabilidade penal internacional

I. Dentro de uma ótica de responsabilidade jurídica sancionatória, a categoria mais severa para garantir o respeito pelo Direito Internacional Público e pelo Direito Internacional da Segurança é a da *responsabilidade penal internacional*.

Trata-se de punir aqueles que tenham infringido os mais altos valores protegidos pelo Direito Internacional Público, sujeitando-os, assim, a penas de prisão, por terem cometido crimes internacionais.

Esta é ainda – sempre o tem sido – uma responsabilidade individual, que recai sobre as pessoas que, em cada momento, tenham tido comportamentos criminalmente depreciados, avultando a pessoa humana como sujeito passivo – e não já ativo – do Direito Internacional.

É certo que o Direito Penal Interno vai sendo cada vez mais permeável à responsabilidade penal das pessoas coletivas[150]. Mas também é seguro

[150] Sobre a responsabilidade penal do indivíduo em geral, v. ANTÓNIO BLANC ALTEMIR, *La violación de los derechos humanos fundamentales como crimen internacional*, Barcelona, 1990, *passim*; JOAQUIM DA SILVA CUNHA, *Direito Internacional...*, III, pp. 153 e ss.; JEAN TOUSCOZ, *Direito Internacional*, pp. 190 e ss.; ANTONIO CASSESE, *Los derechos humanos en...*, pp. 95 e ss., e *International Criminal Law*, New York, 2003, pp. 47 e ss.; MIGUEL GALVÃO TELES, *Timor Leste*, pp. 649 e ss.; ISABEL RAIMUNDO, *Imperativo humanitário...*, pp. 128 e ss.; ALFREDO HÉCTOR WILENSKY e RUI JANUÁRIO, *Direito Internacional...*, pp. 50 e ss.; WLADIMIR BRITO, *Direito Internacional Público*, Coimbra, 2003, pp. 297 e ss.; FRANCISCO FERREIRA DE ALMEIDA, *Direito...*, pp. 332 e ss.; ANDREAS L. PAULUS, *Do Direito dos Estados ao Direito da Humanidade? – a instituição*

que essa responsabilidade ainda não atingiu o patamar do Direito Internacional Penal[151].

II. A afirmação da responsabilidade penal internacional, assim definida, não tem sido, contudo, um movimento paulatino, nem sequer uma sequência regular no contexto das mudanças que foram ocorrendo no Direito Internacional Público.

Curioso é verificar que o desenvolvimento desta responsabilidade penal internacional está indelevelmente associado ao aparecimento, em diversos momentos, de estruturas judiciais de julgamento dos crimes internacionais, para além do reconhecimento que se lhes tem feito no plano do Direito Penal aplicado pelos Estados.

Eis um percurso atribulado, desde o fim da II Guerra Mundial até aos dias de hoje, suscitando-se mesmo a conveniência de se perspetivar *cinco fases* diferenciadas, assim se elaborando uma importante lista de *delicta iuris gentium*:

- *uma primeira fase de afirmação costumeira geral*: a criação consuetudinária de alguns crimes internacionais, com a possibilidade do seu julgamento pelas jurisdições nacionais;
- *uma segunda fase de afirmação circunstancial, substantiva e processual*: a criação dos primeiros tribunais penais internacionais, de Nuremberga e de Tóquio, com a concomitante definição de alguns crimes internacionais pela via convencional;

de um Tribunal Penal Internacional e o desenvolvimento do Direito Internacional, in AAVV, *Direito Penal Internacional para a proteção dos direitos humanos*, Lisboa, 2003, pp. 81 e ss.; José Francisco Rezek, *Direito...*, pp. 154 e ss.; Jorge Miranda, *Curso...*, pp. 323 e ss.; Jorge Bacelar Gouveia, *Direito Internacional Penal – uma perspetiva dogmático-crítica*, Coimbra, 2008, pp. 59 e ss.

[151] Sobre o Direito Internacional Penal e Processual Penal, v. André Huet e Renée Koering-Joulin, *Droit Pénal International*, 2ª ed., Paris, 2001, pp. 1 e ss.; Wladimir Brito, *Tribunais Penais Internacionais – da arbitragem aos tribunais internacionais ad hoc*, in *Revista do Ministério Público*, nº 81, 2000, pp. 25 e ss.; M. Cherif Bassiouni, *Introduction au Droit Pénal International*, Bruxelles, 2002, pp. 1 e ss.; Antonio Cassese, *International Criminal Law*, pp. 3 e ss.; Gerhard Werle, *Principles of International Criminal Law*, The Hague, 2005, pp. 24 e ss.; Kai Ambos, *Internationales Strafrecht*, München, 2006, pp. 77 e ss.

- *uma terceira fase de afirmação substantiva geral*: a celebração de alguns relevantes tratados internacionais sobre crimes internacionais;
- *uma quarta fase de afirmação processual efetiva e pontual*: a criação dos tribunais penais internacionais *ad hoc* para o Ruanda e para a ex--Jugoslávia; e
- *uma quinta fase de afirmação global, substantiva e processual*: a criação do Tribunal Penal Internacional, no Estatuto de Roma[152].

25. A primeira fase: as jurisdições estaduais penais

I. A *primeira fase* é de índole costumeira e apenas se reflecte na qualificação esparsa de algumas condutas como crimes internacionais[153], tal sendo sobretudo evidente na pirataria no alto mar e, a partir de certo momento, no caso do tráfico de escravos.

A sua perseguição ficaria na órbita dos Estados, que podiam julgar internamente as pessoas que fossem encontradas nessas circunstâncias.

Por outro lado, nestes casos, ressume a importância da dimensão externa da cidadania do indivíduo implicado, que não pertence ao Estado que o vai julgar, nem sequer agindo nessa qualidade.

[152] Quanto a esta evolução, v. M. Cherif Bassiouni, *Introduction...*, pp. 183 e ss.; Antonio Cassese, *International Criminal...*, pp. 327 e ss.; José Luís Rodriguez--Villasante y Prieto, *La justicia penal internacional y el Estatuto de Roma*, in *Direito e Cidadania*, ano IV, nºs 10/11, julho de 2000 a fevereiro de 2001, Praia, pp. 239 e ss.; Juan Manuel Gramajo, *El estatuto de la Corte Penal Internacional*, Buenos Aires, 2003, pp. 49 e ss.; Carolina Susana Anello, *Corte Penal Internacional*, Buenos Aires, 2003, pp. 19 e ss.; Jean-Paul Bazelaire e Thierry Cretin, *A Justiça Penal Internacional – sua evolução, seu futuro de Nuremberga a Haia*, São Paulo, 2004, pp. 13 e ss.; Gerhard Werle, *Principles...*, pp. 2 e ss.; Renata Mantovani de Lima e Marina Martins da Costa Brina, *O Tribunal Penal...*, pp. 13 e ss.; Jónatas E. M. Machado, *Direito Internacional...*, pp. 404 e ss.; Valério de Oliveira Mazzuoli, *Curso...*, pp. 545 e ss.; Ana Cristina Andrés Domínguez, *Derecho Penal Internacional*, Valencia, 2006, pp. 57 e ss.; Wladimir Brito, *Direito...*, pp. 349 e ss.; Jónatas E. M. Machado, *Direito Internacional...*, pp. 402 e ss.; Jorge Bacelar Gouveia, *Direito Internacional Penal...*, pp. 105 e ss., e *Manual de Direito Internacional...*, pp. 801 e ss.;

[153] Cfr. Jorge Bacelar Gouveia, *Manual de Direito Internacional...*, p. 803.

II. *Naturalmente que nesta situação não estamos perante a existência de normas internacionais penais de carácter convencional directamente punitivas dessas práticas ou, mais do que isso, que legitimassem, no plano da comunidade internacional, o respectivo julgamento em instâncias jurisdicionais do foro supra-estadual.*

Ainda assim, não parece que seja razoável desconsiderar este momento como tendo sido determinante na evolução do Direito Internacional Penal da actualidade, uma vez que se reconheceu o impacto internacional de certas condutas, se bem que depois elas mesmas sejam apenas puníveis no âmbito do Direito Penal do Estado[154].

III. Como primeira excepção que se viveu dentro deste período pré-histórico do Direito Internacional Penal, pode assinalar-se a existência de um Tribunal Internacional de Presas (*International Prize Court*).

Este tribunal foi consagrado na XII Convenção da Haia de 1907, destinando-se a julgar penalmente os indivíduos envolvidos na captura de barcos e respectivas mercadorias[155].

IV. A mais relevante destas excepções, porém, foi o tribunal previsto no Tratado de Paz de Versalhes[156], assinado em 28 de Junho de 1919, que formalizou o fim da I Guerra Mundial[157].

Nele ficou consagrado um tribunal internacional penal destinado ao julgamento do Kaiser Guilherme II de Hohenzollern, até então imperador da Alemanha, considerado o causador deste conflito internacional, ali se dizendo que "...as potências aliadas e associadas acusam publicamente Guilherme II por ofensa suprema contra a moral internacional e a autoridade sagrada dos tratados"[158].

[154] Cfr. Renata Mantovani de Lima e Marina Martins da Costa Brina, *O Tribunal Penal...*, pp. 21 e 22.

[155] Cfr. Jorge Bacelar Gouveia, *Manual de Direito Internacional...*, p. 803, nt. nº 1480; Wladimir Brito, *Direito...*, p. 509.

[156] Cfr. Nguyen Quoc Dinh, Patrick Daillier e Alain Pellet, *Droit...*, p. 718; Antonio Cassese, *International Criminal...*, pp. 327 e 328; José de Matos Correia, *Tribunais penais internacionais – colectânea de textos*, Lisboa, 2004, pp. 12 e ss.; Wladimir Brito, *Direito...*, pp. 511 e 512.

[157] Cfr. o *Diário de Governo* de Portugal, I Série, nº 67, de 2 de Abril de 1921, pp. 389 e ss.

[158] Art. 227º, primeira parte, do Tratado de Versalhes.

Pela sua importância, vale a pena transcrever esse preceito na totalidade[159]:

> "As Potências aliadas e associadas acusam publicamente Guilherme II de Hohenzollern, ex-imperador da Alemanha, de ofensa suprema contra a moral internacional e contra a autoridade sagrada dos tratados.
>
> Um Tribunal especial será constituído para julgar o acusado, assegurando-lhe as garantias essenciais do direito de defesa. Esse tribunal será composto de cinco juízes, nomeados por cada uma das cinco Potências seguintes, a saber: os Estados Unidos da América, a Grã-Bretanha, a França, a Itália e o Japão.
>
> O Tribunal julgará em harmonia com os princípios mais elevados da política entre as nações, com o propósito de assegurar o respeito das obrigações solenes e dos compromissos internacionais, assim como da moral internacional. Competir-lhe-á determinar a pena que julgar dever ser aplicada.
>
> As Potências aliadas e associadas dirigirão ao Governo dos Países Baixos um requerimento pedindo-lhe a entrega do antigo imperador para ele ser julgado"[160].

[159] Embora o Tratado de Versalhes tivesse ainda estabelecido a via tradicional da punição interna por actos ilicítos na guerra através dos tribunais estaduais militares, nos termos dos respectivos arts. 228º e 229º:

- Art. 228º: "O Governo alemão reconhece às Potências aliadas e associadas a liberdade de fazer julgar pelos seus tribunais militares as pessoas acusadas de terem praticado actos contrários às leis e costumes de guerra. As penalidades previstas pelas leis serão aplicadas às pessoas reconhecidas culpáveis. Esta disposição será aplicada não obstante quaisquer processos ou diligências ante uma jurisdição da Alemanha ou dos seus aliados. O Governo alemão deverá entregar às Potências aliadas e associadas, ou àquela de entre elas que lhe dirigir o pedido, todas as pessoas que, sendo acusadas de terem cometido um acto contrário às leis e costumes da guerra, lhe sejam designadas, quer nominativamente, quer pela graduação, função ou emprego que a essas pessoas houvessem sido conferidos pelas autoridades alemãs".
- Art. 229º: "Os autores de actos contra os nacionais de uma das Potências aliadas e associadas serão julgados pelos tribunais militares dessa Potência. Os autores de actos contra os nacionais de várias Potências aliadas e associadas responderão perante tribunais militares compostos de vogais pertencentes aos tribunais militares das Potências interessadas. Em todos os casos, o réu terá o direito de designar ele próprio o seu advogado".

[160] Art. 227º do Tratado de Versalhes.

V. Só que o imperador alemão nunca chegaria a ser julgado, tendo encontrado "refúgio" nos Países Baixos, que recusaram a respectiva extradição para a Alemanha com base no argumento de que a acusação contra ele formulada se fundava em apreciações políticas[161].

Mesmo assim, a Alemanha de Weimar, no processo de Leipzig, em 1921, organizou o julgamento de 45 pessoas e, destas, 9 viriam a ser condenadas, embora nelas não se incluindo o antigo imperador alemão. Tudo isto apesar de a lista inicial de acusados de crimes contra as leis da Humanidade ter ascendido a 896 pessoas[162].

26. A segunda fase: os Tribunais Militares Internacionais de Nuremberga e de Tóquio

I. A *segunda fase* – já pressupondo a real existência do Direito Internacional Penal – é protagonizada pela criação, no rescaldo da II Guerra Mundial, dos Tribunais Militares Internacionais de Nuremberga e de Tóquio[163], que tiveram a missão de condenar penalmente os militares vencidos nesse conflito bélico.

[161] Tendo ainda sido a Alemanha obrigada, nos termos do art. 230º do Tratado de Versalhes, a colaborar com os tribunais estaduais militares: "O Governo alemão toma o compromisso de fornecer todos os documentos e informações, de qualquer natureza que sejam, cuja produção for julgada necessária para o pleno conhecimento dos actos incriminados, a descoberta dos culpados e a apreciação exacta das responsabilidades".

[162] Cfr. Henri Donnedieu de Vabres, *Les principes modernes du Droit Pénal International*, Paris, 1928, pp. 403 e ss.; Jean-Paul Bazelaire e Thierry Cretin, *A Justiça Penal Internacional...*, pp. 14 e ss.; Gerhard Werle, *Principles...*, pp. 3 e ss.; Renata Mantovani de Lima e Marina Martins da Costa Brina, *O Tribunal Penal...*, p. 25; Wladimir Brito, *Direito...*, pp. 511 e 512.

[163] Quanto aos Tribunais de Nuremberga e de Tóquio em geral, v. Nuno Filipe de Brito, *Notas para o estudo do indivíduo perante o Direito Internacional Público*, Lisboa, 1984, pp. 79 e ss.; Joaquim da Silva Cunha, *Direito Internacional...*, III, pp. 154 e ss.; Celso D. de Albuquerque Mello, *Direitos humanos...*, pp. 436 e ss.; Mario Bettati, *O direito de ingerência...*, pp. 272 e ss.; Joanisval Brito Gonçalves, *Tribunal de Nuremberg 1945-1946: a génese de uma nova ordem no Direito Internacional*, Rio de Janeiro, 2001; M. Cherif Bassiouni, *Introduction...*, pp. 184 e ss.; Nguyen Quoc Dinh, Patrick Daillier e Alain Pellet, *Droit...*, pp. 719 e 720; Antonio Cas-

A novidade consistiria não apenas na erecção de uma estrutura judicial de condenação do foro internacional como também na aceitação de que o exercício de funções públicas poderia levar a incriminações, não valendo aos criminosos escudar-se na obediência às leis militares internas[164].

II. O Tribunal Militar Internacional de Nuremberga (Tribunal de Nuremberga) foi o primeiro e seria criado pelo Acordo de Londres, de 8 de Agosto de 1945[165], com base no apoio dado pelas quatro potências vencedoras da II Guerra Mundial.

O Acordo de Londres, remetendo para a Carta do Tribunal de Nuremberga, anexa a fixação do Estatuto deste tribunal[166], reconduzia a jurisdição deste órgão ao julgamento "...dos criminosos de guerra cujas ofensas não tenham uma localização geográfica particular, quer sejam acusados

SESE, *International Criminal...*, pp. 329 e ss.; JUAN MANUEL GRAMAJO, *El estatuto de la Corte...*, pp. 65 e ss.; RICHARD OVERY, *The Nuremberg trials: international law in the making*, in AAVV, *From Nuremberg to The Hague – the future of international criminal justice* (ed. de PHILIPPE SAND), Cambridge, 2003, pp. 1 e ss.; WILLIAM A. SCHABAS, *An Introduction to the International Criminal Court*, 2ª ed., Cambridge, 2004, pp. 5 e ss.; JOSÉ DE MATOS CORREIA, *Tribunais penais...*, pp. 15 e ss.; JEAN-PAUL BAZELAIRE e THIERRY CRETIN, *A Justiça Penal Internacional...*, pp. 19 e ss.; GERHARD WERLE, *Principles...*, pp. 6 e ss.; RENATA MANTOVANI DE LIMA e MARINA MARTINS DA COSTA BRINA, *O Tribunal Penal...*, pp. 28 e ss.; CARLOS ROBERTO HUSEK, *Curso de Direito Internacional Público*, 6ª ed., São Paulo, 2006, pp. 245 e ss.; DAVID AUGUSTO FERNANDES, *Tribunal Penal Internacional: a concretização de um sonho*, Rio de Janeiro, 2006, pp. 39 e ss.; GUILLERMO JULIO FIERRO, *Ley penal y Derecho Internacional*, I, Buenos Aires, 2007, pp. 71 e ss.; JORGE BACELAR GOUVEIA, *Manual de Direito Internacional...*, pp. 804 e ss.; WLADIMIR BRITO, *Direito...*, pp. 512 e ss.; ROBERT CRYER e NEIL BOISTER, *The Tokyo International Military Tribunal: A Reappraisal*, Oxford, 2008.

V. excertos dos respectivos textos em JOSÉ ALBERTO AZEREDO LOPES, *Textos Históricos do Direito e das Relações Internacionais*, Porto, 1999, respectivamente, pp. 498 e ss., e pp. 506 e ss., e em JOSÉ DE MATOS CORREIA, *Tribunais penais...*, pp. 55 e ss.

[164] Cfr. NGUYEN QUOC DINH, PATRICK DAILLIER e ALAIN PELLET, *Droit...*, p. 711.

[165] Cfr. o respectivo texto, em português, em MARIA JOSÉ RANGEL MESQUITA, *Direito Internacional Penal e Ordem Jurídica Portuguesa*, Lisboa, 2006, pp. 15 e ss.

[166] Cfr. o art. 2º do Acordo de Londres.

individualmente ou na sua qualidade de membros de organizações ou grupos, ou em ambas as qualidades"[167].

Noutro aspecto, o Acordo de Londres expressamente lhe reconhecia a posição de jurisdição complementar da jurisdição penal estadual que se viesse a exercer sobre os criminosos de guerra: "Nada no presente Acordo prejudicará a jurisdição ou os poderes de qualquer tribunal nacional ou de ocupação estabelecidos ou a estabelecer em qualquer território aliado ou na Alemanha para julgamento dos criminosos de guerra"[168].

III. A solução do julgamento para os crimes cometidos durante o regime nazi já tinha sido antecipada em dois importantes momentos, frisando a necessidade de essas atrocidades não ficarem impunes:

- na *Declaração de Moscovo*, através da qual o Reino Unido, os Estados Unidos da América e a União Soviética verberaram as atrocidades cometidas e explicitamente afirmaram que "...os Alemães que tomaram parte no massacre de oficiais polacos ou na execução de reféns franceses, holandeses, belgas ou noruegueses ou de camponeses de Creta, ou que tomaram parte nas chacinas infringidas ao povo polaco ou nos territórios da União Soviética que estão agora a ser limpos do inimigo, sabem que serão levados de volta à cena dos seus crimes e julgados no local pelos povos que ultrajaram"[169], isto sem esquecer que o julgamento também se faria quanto aos "...criminosos alemães cujas ofensas não tenham uma localização geográfica particular e que serão punidos por decisão conjunta dos Governos dos Aliados"[170];
- na *Conferência de Potsdam*, foi sublinhada esta necessidade de julgamento, dizendo-se, na sua Parte VI, referente aos "Criminosos de Guerra", que "Os três Governos reafirmam a sua intenção de fazer comparecer esses criminosos perante uma justiça rápida e segura"[171].

[167] Art. 1º do Acordo de Londres.

[168] Art. 6º do Acordo de Londres.

[169] 3º Parágrafo da Declaração de Moscovo, de 30 de Outubro de 1943. Cfr. o respectivo texto em José de Matos Correia, *Tribunais Penais...*, p. 58.

[170] Último parágrafo da Declaração de Moscovo.

[171] Parte VI do texto da Conferência de Potsdam, realizada entre 17 de Julho e 2 de Agosto de 1945. Cfr. o texto em José de Matos Correia, *Tribunais Penais...*, p. 59.

IV. Nos termos da Carta do Tribunal de Nuremberga, outorgada pelos Governos dos EUA, da França, do Reino Unido e da União das Repúblicas Socialistas Soviéticas, o Tribunal de Nuremberga era composto por 4 juízes efectivos e 4 juízes suplentes, devendo cada Estado signatário indicar um juiz efectivo e um juiz suplente[172].

Identicamente se exigiu que os acusadores fossem da nacionalidade daqueles Estados[173], tendo essa estrutura judicial sido destinada para "...o julgamento e a punição dos maiores criminosos de guerra dos países do Eixo Europeu..."[174] e com "...os poderes para julgar e punir as pessoas que, agindo no interesse dos países do Eixo Europeu, cometeram qualquer um dos crimes adiante indicados, quer agindo como indivíduos, quer enquanto membros de organizações":

a) "*Crimes contra a paz:* nomeadamente, o planeamento, a preparação, o início ou o desenvolvimento de uma guerra de agressão, ou de uma guerra que viole tratados internacionais, acordos ou compromissos, ou a participação num plano ou conspiração comum para a realização de alguma das acções identificadas";

b) "*Crimes de guerra:* nomeadamente, violação das leis e costumes de guerra. Tais violações incluirão, mas não se limitarão a homicídio, maus tratos ou deportações para trabalho escravo ou para qualquer outro fim de populações civis de ou num território ocupado, homicídio ou maus tratos de prisioneiros de guerra ou de pessoas nos mares, morte de reféns, pilhagem de propriedade pública ou privada, desenfreada destruição de cidades ou vilas ou devastação não justificada por necessidades militares";

c) "*Crimes contra a Humanidade:* nomeadamente, homicídio, extermínio, escravatura, deportação e outros actos contra a humanidade cometidos contra qualquer população civil, antes ou durante a guerra; perseguições por motivos políticos, raciais ou religiosos em execução de ou relacionados com qualquer crime contido no

[172] Cfr. o art. 2º da Carta do Tribunal de Nuremberga.

[173] Cfr. o art. 14º, nº 1, da Carta do Tribunal de Nuremberga.

[174] Cfr. Jean-Paul Bazelaire e Thierry Cretin, *A Justiça Penal Internacional...*, pp. 21 e 22; José de Matos Correia, *Tribunais Penais...*, p. 18.

âmbito da jurisdição do Tribunal, constituam ou não violação da lei doméstica do país onde foram perpetrados"[175].

V. O Tribunal de Nuremberga teve a sua sede em Berlim, embora ficasse estabelecido que "o primeiro julgamento terá lugar em Nuremberga..."[176].

As penas previstas pela Carta do Tribunal de Nuremberga eram de uma enorme amplitude: "O Tribunal terá o direito de impor ao réu, se condenado, a pena de morte ou qualquer outra punição que considere justa"[177].

Também se conferiu a possibilidade da aplicação de penas acessórias: "Para além da punição que decida impor, o Tribunal terá o direito de privar a pessoa condenada de qualquer propriedade roubada e de ordenar a sua entrega ao Conselho de Controlo para a Alemanha"[178].

VI. O resultado final dos julgamentos realizados pelo Tribunal de Nuremberga, que tiveram lugar de 20 de Novembro de 1945 a 1 de Outubro de 1946, com 218 dias de audiência, foi o seguinte:

- onze condenações à morte por enforcamento (um dos condenados, Göring, viria a suicidar-se na prisão, em 15 de Outubro de 1946)[179];
- três condenações a prisão perpétua;
- duas condenações a 20 anos de prisão;
- uma condenação a 15 anos de prisão;

[175] Art. 6º da Carta do Tribunal de Nuremberga.

[176] Cfr. o art. 22º da Carta do Tribunal de Nuremberga.

[177] Art. 27º da Carta do Tribunal de Nuremberga.

[178] Art. 23º da Carta do Tribunal de Nuremberga.

[179] Foram estes os condenados à morte: Hermann Göring, ex-chefe da Luftwaffe e segundo do regime; Joachim Von Ribbentrop, ex-Ministro dos Assuntos Exteriores; Wilhem Keitel, ex-chefe do Oberkomando der Wermacht; Ernst Kaltembrunner, ex-Chefe do Estado-Maior das SS; Hans Frank, ex-Governador Geral da Polónia e Reichprotektor da Boémia-Moravia; Wilhem Frick, ex-administrador do Partido Nazi; Julius Streicher, teórico do racismo; Alfred Jodl, ex-chefe de Operações do OKW; Arthur Seyss-Inquart, ex-Reichkomissar nos Países Baixos; Fritz Saucke, ex-chefe do serviço de trabalho obrigatório; e Martin Bormann, ex-secretário privado de Hitler, condenado à revelia.

- uma condenação a 10 anos de prisão; e
- três absolvições[180].

VII. O Tribunal Militar Internacional para o Extremo Oriente (Tribunal de Tóquio) foi criado pela Carta do Tribunal de Tóquio, de 19 de Janeiro de 1946, desta feita individualmente outorgado pelo comandante dos EUA no Japão, o General DOUGLAS MAC ARTHUR[181].

O Tribunal de Tóquio – precisamente com sede em Tóquio[182] e "para o justo e rápido julgamento e punição dos principais criminosos de guerra do Extremo Oriente"[183] – era composto por 11 juízes, sem suplentes, todos indicados por aquele dirigente militar[184], em representação de onze Estados aliados.

VIII. A jurisdição do Tribunal de Tóquio destinava-se "...a julgar e punir os criminosos de guerra do Extremo oriente que, como indivíduos ou como membros de organizações, são acusados de ofensas que incluem crimes contra a paz"[185].

Especificamente, os crimes definidos eram de três categorias:

a) *"Crimes contra a paz:* nomeadamente, o planeamento, a preparação, o início ou o desenvolvimento de uma declarada ou não declarada guerra de agressão, ou de uma guerra em violação do Direito Internacional, de tratados, acordos ou compromissos, ou qualquer participação num plano ou conspiração comum para realização de qualquer das acções anteriormente referidas";

b) *"Crimes de guerra convencionais:* nomeadamente, violação das leis e costumes de guerra";

c) *"Crimes contra a Humanidade:* nomeadamente, homicídio, extermínio, escravatura, deportação e outros actos desumanos cometidos

[180] Cfr. a descrição individualizada de JEAN-PAUL BAZELAIRE e THIERRY CRETIN, *A Justiça Penal Internacional...*, pp. 24 e ss.

[181] Cfr. o respectivo texto em MARIA JOSÉ RANGEL MESQUITA, *Direito Internacional...*, pp. 35 e ss.

[182] Cfr. o art. 14º da Carta do Tribunal de Tóquio.

[183] Art. 1º da Carta do Tribunal de Tóquio.

[184] Cfr. o art. 2º da Carta do Tribunal de Tóquio.

[185] Art. 5º, nº 1, da Carta do Tribunal de Tóquio.

contra qualquer população civil, antes ou durante a guerra, ou perseguições fundadas em razões políticas ou raciais em execução de ou em conexão com qualquer crime incluído no âmbito da jurisdição do tribunal, constituam ou não violação da lei doméstica do país onde foram perpetrados"[186].

IX. A actividade do Tribunal de Tóquio teve por resultado a condenação de todos os 28 acusados, com excepção de dois que morreram entretanto e de um que foi libertado por razões de insanidade mental:

- sete condenações à morte[187];
- dezasseis condenações a prisão perpétua;
- uma condenação a 20 anos de prisão; e
- uma condenação a 7 de prisão[188].

X. Estes dois tribunais ficariam ensombrados na sua legitimidade material por terem sido criados depois do cometimento dos crimes que viriam a julgar, pondo em causa o sacrossanto princípio do juiz legal e, no lado substantivo, o também não menos sacrossanto princípio da não aplicação retroativa da lei penal incriminadora, ainda que essa crítica fosse menos certeira no tocante aos crimes de guerra[189].

Acabaria por prevalecer um outro entendimento, salientando-se a ideia, segundo opina José de Matos Correia, de que tais normas mais não eram do que Direito Internacional Público consuetudinário e obrigatório[190], pois como lembram Renata Mantovani de Lima e Marina

[186] Art. 5º da Carta do Tribunal de Tóquio.

[187] Foram eles: o General Hodeki Tojo, ex-Primeiro-Ministro e Ministro de Guerra; o General Kenji Dohiera, ex-Comandante Supremo das Forças Japonesas na China; o General Sehieri Itagati, ex-Ministro da Defesa; o General Heitaro Kimura, ex-Chefe do Estado-Maior Imperial; o General Akita Muto, ex-Comandante Supremo das Filipinas; Koki Horta, ex-Primeiro-Ministro; e o General Ican Matsut, ex-governador militar em Xangai.

[188] Cfr. a descrição individualizada de Jean-Paul Bazelaire e Thierry Cretin, *A Justiça Penal Internacional...*, pp. 31 e ss., e de José de Matos Correia, *Tribunais Penais...*, p. 21.

[189] Cfr. Juan Manuel Gramajo, *El estatuto de la Corte...*, pp. 71 e ss.; Jónatas E. M. Machado, *Direito Internacional...*, pp. 406 e 407.

[190] Cfr. José de Matos Correia, *Tribunais penais...*, pp. 19 e 20.

Martins da Costa Brina, "...o Tribunal afirmou que a própria Carta de Nuremberga era expressão do Direito Internacional existente no momento de sua constituição, de modo que a Carta vinculava suas decisões", tendo com isso ficado "...excluída a possibilidade de o princípio da legalidade ser interpretado como um limite à eficácia do Tribunal, afirmando-se que dito preceito consiste em princípio geral de justiça e que, como tal, torna imperativa a punição dos criminosos de guerra"[191].

Noutro prisma, subsistiu também a "nuvem" de que se trataria de uma "justiça de vencedores" e que se o desfecho da guerra tivesse sido outro, tudo teria sido diferente, numa escassa homenagem a um verdadeiro ideal de justiça internacional[192], impressão ampliada no caso do Tribunal de Tóquio perante os ataques nucleares perpetrados por oficiais norte-americanos contras as cidades de Hiroshima e de Nagasaki, com todas as dramáticas consequências da destruição de pessoas inocentes, e que obviamente ficaram impunes[193].

27. A terceira fase: o longo trabalho político-doutrinário de formulação substantiva de novos crimes internacionais

I. A *terceira fase consistiu num trabalho elaboração normativo-doutrinal em torno do fortalecimento do Direito Internacional Penal*, num certo sentido motivado por esta má experiência dos julgamentos de Nuremberga e de Tóquio, que teve assim o mérito, decerto inesperado, de não fazer esmorecer a esperança e a validade da utilização dos tribunais internacionais na punição de crimes mais graves.

É assim que se passou a uma nova fase, durante a qual se visou enfrentar as objeções que contra aqueles tribunais tinham sido dirigidas, por causa da ausência de um texto internacional codificador dos crimes in-

[191] Renata Mantovani de Lima e Marina Martins da Costa Brina, *O Tribunal Penal...*, p. 29.

[192] Cfr. Jorge Miranda, *Curso...*, p. 334.

[193] Renata Mantovani de Lima e Marina Martins da Costa Brina, *O Tribunal Penal...*, p. 32.

ternacionais, a ser reprimidos no âmbito das relações jurídico-internacionais[194].

II. Foi com esse propósito que, logo depois da II Guerra Mundial, se tomaram um conjunto de medidas tendentes à densificação de um Direito Internacional Penal, de que cumpre referir as seguintes:

- a Resolução nº 3 (I) e a Resolução nº 95 (I), respectivamente, de 13 de Fevereiro e de 11 de Dezembro de 1946, da Assembleia Geral das Nações Unidas, reafirmando as orientações de Nuremberga e Tóquio, e incitando a Comissão de Direito Internacional à respectiva codificação e sistematização;
- a Resolução nº 260 (III), de 9 de Dezembro de 1948, em cujo art. 6º se solicitava a criação de uma jurisdição penal internacional;
- a Convenção para a Prevenção e Repressão do Crime de Genocídio, de 9 de Dezembro de 1948, especializando e antecipando a intervenção jurídico-internacional de tipo punitivo em relação ao particular flagelo do genocídio;
- a 4ª Convenção de Genebra, de 12 de Agosto de 1949;
- a Convenção sobre a Imprescritibilidade dos Crimes de Guerra e dos Crimes contra a Humanidade, de 26 de Novembro de 1968[195], dando mais tempo processual para o julgamento, interno e internacional, destes crimes internacionais;
- a Convenção sobre o Crime de Apartheid, de 30 de Setembro de 1973, tal como a Convenção para a Prevenção e Repressão do Crime de Genocídio, especializando e antecipando a punição jurídico-internacional desta inadmissível prática.

III. No seio destes e de outros relevantes documentos, deve sublinhar-se ainda um texto, elaborado pela Comissão de Direito Internacional, sob o título "Princípios de Direito Internacional reconhecidos na Carta

[194] Cfr. Jean-Paul Bazelaire e Thierry Cretin, *A Justiça Penal Internacional...*, pp. 41 e ss.; Jorge Bacelar Gouveia, *Manual de Direito Internacional...*, pp. 805 e 806.

[195] Embora já o Acordo de Londres estabelecesse parecida cláusula. Cfr. o texto em Jorge Miranda, *Direitos do Homem – textos...*, pp. 83 e ss.

do Tribunal de Nuremberga e no Julgamento do Tribunal", aprovado na 2ª sessão daquele organismo, em 1950.

Os princípios formulados são sete e a sua relevância justifica a respectiva transcrição[196]:

- **Princípio I**: "Qualquer pessoa que cometa um ato que constitui um crime de acordo com o Direito Internacional é responsável e, por isso, pode ser sujeito a punição";
- **Princípio II**: "O facto de o Direito Interno não impor uma pena por um ato que constitui um crime de acordo com o Direito Internacional não deixa de ser responsável e, por isso, pode ser sujeito a punição";
- **Princípio III**: "O facto de a pessoa que tiver cometido um ato que constitui um crime de acordo com o Direito Internacional ter atuado como Chefe de Estado ou membro do Governo responsável não o isenta de responsabilidade nos termos do Direito Internacional";
- **Princípio IV**: "O facto de a pessoa ter atuado por ordem do respetivo Governo ou de um superior não o isenta de responsabilidade nos termos do Direito Internacional, desde que tivesse a possibilidade de efetuar uma escolha moral";
- **Princípio V**: "Qualquer pessoa acusada de um crime de acordo com o Direito Internacional tem o direito a um julgamento justo em matéria de facto e de direito";
- **Princípio VI**: "Os crimes abaixo indicados são puníveis como crimes de acordo com o Direito Internacional:

a) Crimes contra a paz:

i) planeamento, preparação, início ou desenvolvimento de uma guerra de agressão ou de uma guerra em violação dos tratados internacionais, acordos ou garantias;

ii) participação num plano comum ou conspiração para a execução de qualquer dos actos mencionados em i).

b) Crimes de guerra: violações das leis ou costumes de guerra incluindo, mas não se limitando a assassínio, maus-tratos ou deportação para trabalho como escravo, ou para qualquer outro fim, de população civil de, ou em,

[196] Cfr. o respectivo texto em Maria José Rangel Mesquita, *Direito Internacional...*, pp. 31 e ss.

território ocupado; assassínio ou maus-tratos de prisioneiros de guerra, de pessoas nos mares, execução de reféns, destruição de propriedade pública ou privada, destruição de cidades, vilas ou aldeias, ou devastação não justificada por necessidade militar;

c) Crimes contra a Humanidade: assassínio, extermínio, redução à condição de escravo, deportação e outros actos desumanos praticados contra qualquer população civil, ou perseguições por motivos políticos, raciais ou religiosos, quando tais actos sejam praticados ou tais perseguições sejam levadas a cabo em execução ou em conexão com qualquer crime contra a paz ou qualquer crime de guerra";

- **Princípio VII**: "A cumplicidade na prática de um crime contra a paz, de um crime de guerra, ou de um crime contra a Humanidade tais como previstos no Princípio VI, é um crime de acordo com o Direito Internacional".

28. A quarta fase: os tribunais internacionais *ad hoc* para a ex-Jugoslávia e para o Ruanda; alguns tribunais estaduais internacionalizados

I. Se com esta terceira fase deixou de poder reclamar-se do ponto de visto substantivo, o certo é que esses crimes internacionais, assim melhor enunciados, careciam de uma estrutura judicial internacional capaz de proceder ao respetivo julgamento, na certeza de que as jurisdições nacionais não davam garantias de um total êxito nessa aplicação[197], não esque-

[197] Sobre estes tribunais internacionais penais *ad hoc*, v. HERVÉ ASCENSIO E ALAIN PELLET, *L'activité du Tribunal Penal pour l'ex-Yougoslavie*, in *Annuaire Français de Droit International*, 1995, pp. 101 e ss.; HERVÉ ASCENSIO E R. MAISON, *L'activité des Tribunaux Pénaux Internationaux por l'ex-Yousgoslavie et pour le Rwanda*, in *Annuaire Français de Droit International*, 1997, pp. 1 e ss.; PAUL TAVERNIER, *La experiencia de los Tribunales Penales Internacionales para ex-Yugoslávia e para Ruanda*, in *Révue Internationale de la Croix Rouge*, nº 144, 1997, pp. 645 e ss.; MARIO BETTATI, *O direito...*, pp. 286 e ss.; WLADIMIR BRITO, *Tribunais penais...*, pp. 38 e ss., e *Direito...*, pp. 518 e ss.; M. CHERIF BASSIOUNI, *Introduction...*, pp. 192 e 193; ALMIRO RODRIGUES, *O Tribunal Penal Internacional para a ex-Jugoslávia e seus contributos para o Direito Penal Internacional*, in *Revista Portuguesa de Ciência Criminal*, nº 11, 2001, pp. 355 e ss.; NGUYEN QUOC DINH, PATRICK DAILLIER e ALAIN PELLET, *Droit...*, pp. 721 e ss.; ANTONIO CASSESE, *International Criminal...*, pp. 335 e ss.; JUAN MANUEL GRAMAJO, *El estatuto*

cendo finalmente que o Tribunal de Nuremberga e o Tribunal de Tóquio, pela sua natureza pontual, deixaram de se tornar efetivos logo concluído o rescaldo da II Guerra Mundial.

Os trágicos acontecimentos da ex-Jugoslávia e do Ruanda, nos anos noventa do século XX, gerando situações em que o ódio étnico determinou a morte indiscriminada de milhares e milhares de pessoas, impeliram à passagem a uma quarta fase, com a previsão de dois tribunais penais internacionais específicos para julgar os crimes aí cometidos, mas fora dos circuntancialismos militares e sempre equívocos de uma situação de pós-conflito bélico mundial.

Outros acontecimentos importa referir, como os massacres étnicos da Serra Leoa, do Cambodja e de Timor-Leste, que igualmente conduziram à criação de tribunais penais internacionais, salientando-se aqui,

de la Corte..., pp. 87 e ss.; CATARINA SAMPAIO VENTURA, *O significado do Tribunal Penal Internacional para a ex-Jugoslávia na edificação de um sistema de justiça penal internacional*, in AAVV, *Direito Penal Internacional para a protecção dos direitos humanos*, Lisboa, 2003, pp. 167 e ss.; PEDRO CAEIRO, *Claros e escuros de um auto-retrato: breve anotação à jurisprudência dos Tribunais Penais Internacionais para a antiga Jugoslávia e para o Ruanda sobre a própria legitimação*, in AAVV, *Direito Penal Internacional para a protecção dos direitos humanos*, Lisboa, 2003, pp. 209 e ss.; JEAN-PAUL BAZELAIRE e THIERRY CRETIN, *A Justiça Penal Internacional...*, pp. 51 e ss., e pp. 57 e ss.; JOSÉ MANUEL PINA DELGADO e LIRIAM KIYOMI TIUJO, *Tribunais penais internacionais*, in AAVV, *Tribunais internacionais – mecanismos contemporâneos de solução de controvérsias* (org. de WELBER BARRAL), Florianópolis, 2004, pp. 57 e ss.; V. GRANDÃO RAMOS, *O Tribunal Penal Internacional e os tribunais penais «ad hoc»*, in *Revista da Faculdade de Direito da Universidade Agostinho Neto*, nº 5, Luanda, Dezembro de 2004, pp. 185 e ss.; WILLIAM A. SCHABAS, *An Introduction...*, pp. 10 e ss.; JOSÉ DE MATOS CORREIA, *Tribunais penais...*, pp. 22 e ss.; MUTOY MUBIALA, *Le système régional africain de protection des droits de l'homme*, Bruxelles, 2005, pp. 185 e ss.; GERHARD WERLE, *Principles...*, pp. 15 e ss.; RENATA MANTOVANI DE LIMA e MARINA MARTINS DA COSTA BRINA, *O Tribunal Penal...*, pp. 34 e ss.; FILIPE LOBO D' ÁVILA, *Uma Justiça Penal Internacional sem os Estados Unidos da América*, in *Nação e Defesa*, nº 113, Primavera de 2006, pp. 37 e ss.; DAVID AUGUSTO FERNANDES, *Tribunal Penal...*, pp. 67 e ss.; CARLOS ROBERTO HUSEK, *Curso de Direito Internacional...*, p. 247; JÓNATAS E. M. MACHADO, *Direito Internacional...*, pp. 409 e ss.; JOSÉ FRANCISCO REZEK, *Direito...*, pp. 155 e ss.; GUILLERMO JULIO FIERRO, *Ley penal...*, I, pp. 187 e ss.; THOMAS BUERGENTHAL e SEAN D. MURPHY, *Public International Law*, 4ª ed., Saint Paul, 2007, pp. 96 e ss.; JORGE BACELAR GOUVEIA, *Manual de Direito Internacional...*, pp. 806 e 807.

contudo, uma diversa intervenção do Conselho de Segurança da Organização das Nações Unidas[198].

O aparecimento de tribunais penais internacionais *ad hoc*, só para enfrentar situações mais graves de crimes cometidos no âmbito do Direito Internacional Penal, representou um novo fôlego na efetividade da responsabilidade internacional penal.

II. O Tribunal Penal Internacional *ad hoc* para a ex-Jugoslávia foi criado pela Resolução do Conselho de Segurança das Nações Unidas nº 827 (1993), de 25 de Maio de 1993[199], não sem que antes, na Resolução nº 808 (1993) daquele mesmo órgão, adotada em 22 de Fevereiro de 1993, já tivesse sido dada a orientação quanto à criação deste tribunal[200].

O decurso da actividade desenvolvida pelo Tribunal Penal *ad hoc* para a ex-Jugoslávia determinou depois diversas intervenções do Conselho de Segurança das Nações Unidas pontualmente alterando o regime inicial estabelecido:

- a Resolução do Conselho de Segurança nº 1166 (1998), de 13 de Maio de 1998;
- a Resolução do Conselho de Segurança nº 1329 (2000), de 30 de Novembro;
- a Resolução do Conselho de Segurança nº 1411 (2002), de 17 de Maio;
- a Resolução do Conselho de Segurança nº 1431 (2002), de 14 de Agosto;
- a Resolução do Conselho de Segurança nº 1481 (2003), de 19 de Maio.

[198] Como bem salienta José de Matos Correia, *Tribunais penais...*, pp. 45 e ss., ainda que este tribunal possa ter uma peculiar configuração internacional: "Fundado (...) num tratado internacional e actuando no quadro por ele delimitado, o Tribunal para a Serra Leoa não deve ser considerado como um tribunal internacionalizado, mas como um tribunal internacional *sui generis*".

[199] Cfr. o respectivo texto em Maria José Rangel Mesquita, *Direito Internacional...*, pp. 45 e ss.

[200] Estes documentos, em Portugal, foram publicados no *Diário da República*, I Série-A, nº 109, de 11 de Maio de 1995, pp. 2690 e ss.

III. O Tribunal Penal *ad hoc* para a ex-Jugoslávia, instituído em 17 de Novembro de 1993, e com sede na Haia[201], assumiu a incumbência de "... julgar as pessoas suspeitas de serem responsáveis por violações graves ao Direito Internacional Humanitário cometidas no território da ex-Jugoslávia desde 1991..."[202].

O Tribunal Penal *ad hoc* para a ex-Jugoslávia assumiu uma ampla competência *ratione materiae* no tocante aos crimes internacionais, distribuídos pelas seguintes categorias[203]:

- Violações graves às Convenções de Genebra de 1949;
- Violações das leis ou dos costumes da guerra;
- Genocídio;
- Crimes contra a Humanidade.

No campo de aplicação espacio-temporal, "A competência *ratione loci* do Tribunal Internacional abrangerá o território da antiga República Federal Socialista da Jugoslávia, incluindo o seu espaço terrestre e aéreo e as suas águas territoriais", acrescentando-se ainda que a "...competência *ratione temporis* do Tribunal Internacional abrangerá o período com início a 1 de janeiro de 1991"[204].

Em matéria de articulação da sua jurisdição com as jurisdições estaduais, o Estatuto do Tribunal Penal *ad hoc* para a ex-Jugoslávia estabeleceu a concorrência e a sua primazia sobre os tribunais estaduais: "O Tribunal Internacional terá primazia sobre as jurisdições nacionais, podendo, em qualquer fase do processo, solicitar oficialmente às jurisdições nacionais que renunciem à respectiva competência a seu favor..."[205].

As penas aplicáveis pelo Tribunal Penal *ad hoc* para a ex-Jugoslávia são muito amplas, tanto principais de prisão como acessórias de cunho económico, e naquele caso, "Ao impor qualquer pena, a câmara de primeira

[201] Cfr. o art. 31º do Tribunal Penal Internacional *ad hoc* para a ex-Jugoslávia.

[202] Art. 1º do Estatuto do Tribunal Penal Internacional *ad hoc* para a ex-Jugoslávia.

[203] Cfr. os arts. 2º, 3º 4º e 5º do Tribunal Penal Internacional *ad hoc* para a ex-Jugoslávia.

[204] Art. 8º do Tribunal Penal Internacional *ad hoc* para a ex-Jugoslávia.

[205] Art. 9º, nº 2, do Tribunal Penal Internacional *ad hoc* para a ex-Jugoslávia.

instância terá em consideração factores como a gravidade da infração e a situação pessoal do condenado"[206].

IV. O Tribunal Penal *ad hoc* para o Ruanda foi criado pela Resolução do Conselho de Segurança das Nações Unidas nº 955 (1994), de 8 de Novembro de 1994[207], tendo ficado sediado em Arusha, na Tanzânia[208].

Posteriormente, foram diversas as ocasiões para a introdução de alterações pontuais a este regime inicial do Tribunal Penal *ad hoc* para o Ruanda, por intermédio das seguintes resoluções:

- a Resolução do Conselho de Segurança nº 977 (1995), de 22 de Fevereiro;
- a Resolução do Conselho de Segurança nº 1165 (1998), de 30 de Abril;
- a Resolução do Conselho de Segurança nº 1329 (2000), de 30 de Novembro;
- a Resolução do Conselho de Segurança nº 1411 (2002), de 17 de Maio;
- a Resolução do Conselho de Segurança nº 1431 (2002), de 14 de Agosto; e
- a Resolução do Conselho de Segurança nº 1503 (2003), de 28 de Agosto.

V. Ao Tribunal Penal *ad hoc* para o Ruanda foi deferido o poder jurisdicional "...para julgar as pessoas responsáveis por violações graves ao Direito Internacional Humanitário cometidas no território do Ruanda, bem como os cidadãos ruandeses responsáveis por essas violações cometidas no território de Estados vizinhos..."[209].

O cenário de fundo para o estabelecimento do Tribunal Penal *ad hoc* para o Ruanda era obviamente o dos massacres genericamente perpetrados por parte de elementos do grupo étnico Hutu contra elementos e

[206] Art. 24º, nº 2, do Tribunal Penal Internacional *ad hoc* para a ex-Jugoslávia.

[207] Cfr. o respectivo texto em Maria José Rangel Mesquita, *Direito Internacional...*, pp. 73 e ss.

[208] Cfr. a Resolução do Conselho de Segurança da Organização das Nações Unidas nº 977 (1995), de 22 de Fevereiro.

[209] Art. 1º do Estatuto do Tribunal Penal Internacional *ad hoc* para o Ruanda.

simpatizantes do grupo étnico Tutsi, somente considerando os crimes cometidos no território do Estado do Ruanda, genocídio este essencialmente ocorrido entre Abril e Julho de 1994.

Os crimes incluídos na competência *ratione materiae* do Tribunal Penal *ad hoc* para o Ruanda eram os seguintes[210]:

- Genocídio;
- Crimes contra a Humanidade;
- Violação do artigo 3º comum às Convenções de Genebra e ao seu II Protocolo Adicional.

Em matéria de aplicação espacio-temporal, a "...competência *ratione loci* do Tribunal Internacional para o Ruanda abrange o território do Ruanda, incluindo o seu espaço terrestre e aéreo, bem como o território dos Estados vizinhos no que diz respeito a violações graves ao Direito Internacional Humanitário cometidas por nacionais do Ruanda", além de ainda se especificar que aquele tribunal, na sua competência *ratione temporis*, "...abrange o período compreendido entre 1 de Janeiro e 31 de Dezembro de 1994"[211].

As penas aplicáveis são acentuadamente amplas, prescrevendo-se que "Na determinação da pena, a Câmara de Primeira Instância tem em consideração fatores como a gravidade da infracção e a situação pessoal do condenado"[212].

VI. Em qualquer destes dois casos se questionou a legitimidade do Conselho de Segurança das Nações Unidas na criação de jurisdições penais internacionais, à revelia da vontade dos Estados e do Direito Penal Estadual subsistente.

São várias as linhas argumentativas que permitem visualizar a importância dessas críticas, nomeadamente o cariz eminentemente político da atuação do Conselho de Segurança das Nações Unidas, nem sequer

[210] Cfr. os arts. 2º, 3º e 4º do Estatuto do Tribunal Penal Internacional *ad hoc* para o Ruanda.

[211] Art. 7º do Estatuto do Tribunal Penal Internacional *ad hoc* para o Ruanda.

[212] Art. 23º, nº 2, do Estatuto do Tribunal Penal Internacional *ad hoc* para o Ruanda.

sendo representativo, como órgão aristocrático que é, da globalidade da comunidade internacional.

Tudo isto sem falar do problema de o Capítulo VII da Carta das Nações Unidas apenas permitir ações extremas contra Estados em tempo de crise e não ações contra indivíduos em situações de pós-conflito em que não se regista o colapso das instâncias judiciais.

Como muito bem resumem Renata Mantovani de Lima e Marina Martins da Costa Brina, "Ainda nesta perspectiva crítica, a criação de tais tribunais pode permitir a veiculação do uso de procedimentos judiciais para manejar problemas políticos, de modo a causar confusão entre os institutos da justiça e da política. Como decorrência, as acusações podem ser seletivas, de acordo com a nacionalidade dos suspeitos, e os julgamentos podem basear-se nos grupos étnicos e políticos aos quais pertencem os indivíduos"[213].

VII. A libertação do povo e do território de Timor-Leste da ocupação indonésia, após o bem sucedido referendo internacional de 1999 que inequivocamente apontou o caminho da sua independência, permitiu estabelecer, durante um período transitório, um regime de administração por parte da Organização das Nações Unidas.

Um dos aspectos mais marcantes de todo esse tempo em que os destinos de Timor-Leste foram conduzidos por um poder político internacional foi certamente o da criação de um tribunal especial internacionalizado para o julgamento de crimes internacionais: o Tribunal Distrital de Díli.

Dentro da organização dos tribunais de Timor-Leste, levada a cabo pelo Regulamento nº 2000/11 da Administração Transitória das Nações Unidas em Timor-Leste, estabeleceu-se a possibilidade da criação de tribunais especializados para o julgamento de certos crimes: "O Administrador Transitório, após consultar a Presidência do Tribunal, poderá decidir criar câmaras especializadas para exercer exclusivamente a competência conferida ao tribunal na forma do Artigo 10.1 do presente regulamento. Tais câmaras serão compostas por juízes de Timor-Leste e

[213] Renata Mantovani de Lima e Marina Martins da Costa Brina, *O Tribunal Penal...*, p. 39.

internacionais, nomeados para o tribunal em conformidade com o Regulamento nº 1999/3 da UNTAET"[214].

VIII. Foi isso o que o Regulamento nº 2000/15, de 6 de Junho de 2000, veio a estabelecer, criando esse tribunal internacional especial, com as seguintes caraterísticas fundamentais:

- *competência ratione materiae*: crimes de genocídio, crimes de guerra, crimes contra a Humanidade, crime de homicídio, crime de ofensas sexuais e crime de tortura[215];
- *competência ratione loci*: princípio da jurisdição universal, enquadrado no facto de os crimes terem sido cometidos no território timorense, tendo sido cometidos por timorenses ou tendo sido cometidos contra timorenses[216];
- *competência ratione temporis*: para os crimes cometidos entre 1 de Janeiro e 25 de Outubro de 1999[217];
- *composição do tribunal*: a regra geral estabelecia a existência de dois juízes internacionais e de um juiz timorense, embora nos casos de especial importância ou gravidade se permitisse a existência de cinco juízes, três deles internacionais e os outros dois timorenses[218].

IX. O Tribunal Penal Internacional da Serra Leoa assumiu a especial configuração de uma *jurisdição mista* entre a Organização das Nações Unidas e aquele Estado da África Ocidental, tendo sido constituído pelo Tratado de 16 de Janeiro de 2002, na sequência da Resolução do Conselho de Segurança das Nações Unidas nº 1315 (2000), de 14 de Agosto de 2000[219].

Nos termos do respectivo Estatuto, o Tribunal Especial para a Serra Leoa destinava-se a "...processar pessoas que assumam a maior responsabilidade pelas sérias violações do Direito Internacional Humanitário e do Direito da Serra Leoa cometidas no território da Serra Leoa desde 30 de

[214] Art. 10.3 do Regulamento nº 2000/11, de 6 de Março de 2000.

[215] Cfr. o art. 1.3 do Regulamento nº 2000/15, de 6 de Junho de 2000.

[216] Cfr. o art. 2.2 do Regulamento nº 2000/15.

[217] Cfr. o art. 2.3 do Regulamento nº 2000/15.

[218] Cfr. o art. 22.2 do Regulamento nº 2000/15.

[219] Cfr. o respectivo texto em José de Matos Correia, *Tribunais penais...*, pp. 265 e ss.

Novembro de 1996, incluindo os líderes que, ao cometerem tais crimes, tenham ameaçado o estabelecimento e a implementação do processo de paz na Serra Leoa"[220].

Os crimes abrangidos por aquela jurisdição eram os "crimes contra a Humanidade", as "violações ao artigo 3º comum às Convenções de Genebra e do II Protocolo Adicional" e "Outras violações sérias do Direito Internacional Humanitário", ainda se evidenciando a sua competência para julgar certos crimes previstos pela lei da Serra Leoa[221].

Para além da consagração das habituais normas e princípios já aplicados por outros tribunais penais internacionais, o Tribunal Especial para a Serra Leoa contemplava ainda duas particularidades dignas de registo[222]:

- por um lado, frisava-se a irrelevância de atos de clemência, tendo ficado estabelecido que "Uma amnistia concedida a uma pessoa sujeita à jurisdição do Tribunal Especial e relativa a crimes referidos nos artigos 2º a 4º do presente Estatuto não constituirá impedimento à continuação do processo"[223];
- por outro lado, quanto às penas aplicáveis, optava-se pelo afastamento da prisão perpétua, ao dizer-se que "A Câmara de Julgamento imporá a uma pessoa condenada, que não seja um delinquente juvenil, pena de prisão por um número especificado de anos"[224].

A criação deste tribunal teve o fito de possibilitar a punição dos responsáveis pelo conflito que começou em Março de 1991 naquele país, tendo-se assumido a particularidade de ter sido criado não tanto um "tribunal internacional" quanto um "tribunal internacionalizado"[225], na base

[220] Art. 1º do Estatuto do Tribunal Especial para a Serra Leoa.

[221] Cfr. os arts. 2º, 3º 4º e 5º do Estatuto do Tribunal Especial para a Serra Leoa.

[222] O mesmo conceito de "tribunais internacionalizados ou mistos" ocorreu em três outros Estados, ainda que nestes casos sendo tribunais apenas internacionalizados sob a perspectiva da participação de juízes indicados pelos Estados e em processos apoiados pela Organização das Nações Unidas: Cambodja, Timor Leste e Kosovo. Cfr. Antonio Cassese, *International Criminal...*, pp. 343 e ss.

[223] Art. 10º do Estatuto do Tribunal Especial para a Serra Leoa.

[224] Art. 19º, nº 1, do Estatuto do Tribunal Especial para a Serra Leoa.

[225] Propondo e discutindo as diversas qualificações, Almiro Rodrigues, *A justiça penal na transição de séculos*, *Lusíada Direito* (Lisboa), II Série, nº 1, Janeiro-Julho de 2003, p. 51; Cesare Romero e Théo Boutruche, *Tribunaux pénaux internationalisés:*

de uma jurisdição mista, a vários títulos: além do seu fundamento convencional, como frisa José de Matos Correia, "...a sua jurisdição apresenta-se de natureza mista, pois que lhe cabe julgar não apenas violações do Direito Internacional Humanitário, mas também da legislação penal da Serra Leoa"[226].

E ainda conclui José de Matos Correia com a apresentação deste outro traço distintivo dessa hibridez institucional: "Ao seu carácter particular acresce ainda o facto de apresentar uma composição mista, integrando juízes nomeados pelo Governo da Serra Leoa e juízes nomeados pelo Secretário-Geral das Nações Unidas, com a indicação maioritária por este último"[227].

X. Em relação àqueles dois tribunais internacionais *ad hoc*, é de referir que Portugal sempre se vinculou a regras de cooperação judiciária.

Essa foi a tarefa executada pela Lei nº 102/2001, de 25 de Agosto, aprovada com o objeto de estabelecer "...normas sobre a cooperação entre Portugal e os tribunais penais internacionais para a ex-Jugoslávia e para o Ruanda"[228].

Quanto à concorrência de jurisdições, portuguesa e internacionais, Portugal desde logo aceitou a prevalência da jurisdição dos tribunais internacionais: "...o Tribunal Internacional pode solicitar às autoridades judiciárias portuguesas que renunciem, a seu favor, em qualquer fase do processo, à competência para investigação ou julgamento de um caso concreto"[229].

Para uma decisão concreta de renúncia de jurisdição por parte de Portugal, são depois definidas condições que o impedem: "Em respeito da primazia da jurisdição do Tribunal Internacional sobre as jurisdições nacionais, o pedido de renúncia só não será atendido: a) Se disser respeito a factos que não são objeto do processo pendente no tribunal português;

état des lieux d'une justice hybride, in *Révue Génerale de Droit International Public*, 2003, p. 111; José de Matos Correia, *Tribunais Penais...*, p. 49.

[226] José de Matos Correia, *Tribunais Penais...*, p. 46.

[227] José de Matos Correia, *Tribunais Penais...*, pp. 46 e 47.

[228] Cfr. o *Diário da República*, I Série-A, nº 197, de 25 de Agosto de 2001, pp. 5453 e ss.

[229] Art. 2º, nº 1, da Lei nº 102/2001, de 25 de Agosto.

b) Se disser respeito a factos que não cabem na competência territorial ou temporal do Tribunal, tal como definida no respectivo estatuto"[230].

29. A quinta fase: o Estatuto de Roma e o Tribunal Penal Internacional

I. A *quinta fase*, sendo a actual, *é já um passo seguro rumo ao amadurecimento do problema da jurisdição internacional penal e consistiu na criação do Tribunal Penal Internacional*, no âmbito do Estatuto de Roma do Tribunal Penal Internacional, assinado em Roma, a 17 de Julho de 1998[231].

Ainda que só bem recentemente tenha visto a luz do dia, a verdade é que o Tribunal Penal Internacional fora há muito idealizado e imediatamente na sequência das Convenções de Genebra de 1949. Todavia, sucessivos adiamentos e projetos da Comissão de Direito Internacional apenas permitiriam o seu aparecimento por esta altura[232].

Num certo sentido, foram os sucessivos fracassos anteriores, em especial a experiência dos tribunais *ad hoc* dos anos noventa, que criaram um ambiente favorável ao aparecimento do Tribunal Penal Internacional, como referem Renata Mantovani de Lima e Marina Martins da Costa Brina: "A demanda por justiça, mais especificamente pela punição dos responsáveis pelas atrocidades cometidas durante os grandes conflitos mundiais, assim como em conflitos internos durante a Guerra Fria, não foi atendida em sua plenitude pelos tribunais *ad hoc*. Contudo, a experiência fornecida pelos Tribunais de Ruanda e da ex-Jugoslávia, assim como os questionamentos suscitados, contribuiu para acelerar os trabalhos de codificação e desenvolvimento progressivo do Direito Inter-

[230] Art. 2º, nº 5, da Lei nº 102/2001.

[231] Em Portugal, aprovado pela Resolução da Assembleia da República nº 3/2002, de 18 de Janeiro, e ratificado pelo Decreto do Presidente da República nº 2/2002, de 18 de Janeiro. Cfr. o texto em Jorge Bacelar Gouveia, *Direito Internacional Humanitário...*, pp. 375 e ss.

[232] Relatando algumas vicissitudes desse percurso, Isabel Raimundo, *Imperativo humanitário...*, pp. 140 e ss.; M. Cherif Bassiouni, *Introduction...*, pp. 193 e ss.; Nguyen Quoc Dinh, Patrick Daillier e Alain Pellet, *Droit...*, p. 725; Juan Manuel Gramajo, *El estatuto de la Corte...*, pp. 95 e ss.; William A. Schabas, *An Introduction...*, pp. 13 e ss.; José de Matos Correia, *Tribunais penais...*, pp. 33 e ss.; Gerhard Werle, *Principles...*, pp. 20 e ss.

nacional Penal, impulsionando a criação de uma jurisdição penal internacional de carácter permanente"[233].

II. É por tudo isto que se justifica uma alusão mais desenvolvida ao Tribunal Penal Internacional, não só por ser pouco – e, às vezes, mal – estudado como sobretudo levando em consideração este atual contexto da sua acrescida relevância na consolidação da justiça internacional penal.

Trata-se de uma instituição que visa a aplicação do Direito Internacional Penal mais grave, em complemento das jurisdições nacionais: "É criado, pelo presente instrumento, um Tribunal Penal Internacional (...). O Tribunal será uma instituição permanente, com jurisdição sobre as pessoas responsáveis pelos crimes de maior gravidade com alcance internacional, de acordo com o presente Estatuto, e será complementar das jurisdições penais nacionais"[234].

III. Com a preocupação de tornar mais efectivo este tipo de justiça internacional, o TPI, diversamente do que aconteceria nas fases anteriores, reveste-se de três novas características no tocante à matriz do seu poder judicial, até então por completo desconhecidas de uma instituição jurídico-internacional como tal[235]:

- é uma *justiça permanente*;
- é uma *justiça independente*; e
- é uma *justiça automática*.

É uma *justiça permanente* porque não funciona com intermitência e antes integra uma estrutura duradoura, com a natureza de organização internacional *sui generis*, que existe e que está ativa no Direito Internacional Penal.

É uma *justiça independente* porque a sua criação repousa no acordo de vontades da generalidade dos Estados, sob os auspícios da Organização

[233] Renata Mantovani de Lima e Marina Martins da Costa Brina, *O Tribunal Penal...*, p. 41.

[234] Art. 1º do Estatuto de Roma do Tribunal Penal Internacional.

[235] Cfr. Jorge Bacelar Gouveia, *Manual de Direito Internacional...*, p. 808. Cfr. também V. Grandão Ramos, *O Tribunal Penal Internacional...*, pp. 175 e ss.; Wladimir Brito, *Direito...*, pp. 537 e ss.

das Nações Unidas, não sendo o fruto de uma vontade restrita. Isso bem ao invés do que sucedeu nas fases anteriormente assinaladas, ora como o resultado das potências que venceram a II Guerra Mundial, ora como o produto da vontade dos membros do Conselho de Segurança quando este deliberou a criação dos tribunais *ad hoc* para a ex-Jugoslávia e para o Ruanda[236].

É uma *justiça automática* porque, contrariamente ao que sucede com o Tribunal Penal Internacional, a vinculação dos Estados partes no Estatuto de Roma do Tribunal Penal Internacional à jurisdição internacional penal do Tribunal Penal Internacional não fica dependente de uma posterior aceitação daquela competência jurisdicional, operando automaticamente por via daquela vinculação convencional[237].

Todas estas características surgem, de resto, impressivamente descritas no Estatuto de Roma do Tribunal Penal Internacional, tanto no seu preâmbulo quanto no seguinte articulado[238], lendo-se num dos considerandos daquele preâmbulo: "Determinados em prosseguir este objetivo e, no interesse das gerações presentes e vindouras, a criar um tribunal penal internacional com carácter permanente e independente no âmbito do sistema das Nações Unidas..."[239].

IV. O Tribunal Penal Internacional também se tornou relevante por via do aperfeiçoamento das regras aplicáveis de Direito Internacional Penal Substantivo e de Direito Internacional Penal Processual, num con-

[236] Pena é que o mesmo diapasão não tivesse sido adoptado para outras regiões do Globo, como seria justo fazer em Timor Leste, depois das atrocidades cometidas nos momentos seguintes à realização do referendo que decidiu a sua independência política em 1999, ainda que a consagração de um "tribunal internacionalizado" tivesse em parte aplacado o sentido dessas críticas.

[237] Cfr. Renata Mantovani de Lima e Marina Martins da Costa Brina (*O Tribunal Penal...*, p. 10), que salientam bem esta jurisdição automática: "Inserida no art. 12 (1) do Estatuto do TPI, preceitua que o Estado aceita a competência relativamente aos crimes listados no art. 5, inerente ao Tribunal, no momento em que se torne parte dele, implicando uma atuação mais eficiente e uma maior autonomia por parte dessa Jurisdição".

[238] Cfr. o art. 1º do Estatuto de Roma do Tribunal Penal Internacional.

[239] Considerando nº 9 do preâmbulo do Estatuto de Roma do Tribunal Penal Internacional.

junto de disposições, constantes do Estatuto de Roma do Tribunal Penal Internacional, sem qualquer precedente na História do Direito Internacional Público.

De um modo geral, cumpre realçar a importância do aparecimento destas normas num panorama de acentuada escassez de normas substantivas em matéria penal, sem referir a própria ausência de uma jurisdição internacional em matéria penal.

Noutra linha de raciocínio, a criação do Tribunal Penal Internacional notabilizou-se pelo alargamento de horizontes que acompanhou o seu percurso, deixando de situar o Direito Internacional Penal numa dada circunstância histórica, de tempo e de lugar[240].

V. É de toda a pertinência salientar dois importantes equilíbrios alcançados pelo Estatuto de Roma do Tribunal Penal Internacional, como muito bem salienta Juan Manuel Gramajo:

- por um lado, o "...Estatuto de Roma consagra a evolução de um processo em virtude do qual o Direito Penal Internacional se está conformando com as normas e princípios do Direito Penal moderno"[241];
- por outro lado, as "...normas relativas à admissibilidade da jurisdição constituem um delicado equilíbrio entre a preservação da soberania do Estado e a eficácia da acção do Tribunal"[242].

30. Traços fundamentais da responsabilidade penal internacional

I. Qualquer responsabilidade internacional tem como figura central, em cujo cimento ela se constrói, uma conduta que seja considerada criminosa, no caso necessariamente um crime internacional.

É necessário que se trate de um comportamento, humano e voluntário, que esteja proscrito, sendo considerado desvalioso ao mais alto nível da perspetiva criminalmente punitiva.

[240] Cfr. Renata Mantovani de Lima e Marina Martins da Costa Brina, *O Tribunal Penal...*, p. 10.

[241] Juan Manuel Gramajo, *El estatuto de la Corte...*, p. 176.

[242] Juan Manuel Gramajo, *El estatuto de la Corte...*, p. 179.

Diga-se ainda que a feição internacional lhe advém do facto de ser descrito no plano do Direito Internacional, de acordo com as fontes que podem produzir as respetivas normas e princípios.

II. A responsabilidade penal internacional – conjugando a enunciação de condutas criminosas internacionais – manifesta-se na aplicação de penas privativas de liberdade contra aqueles que venham a ser responsabilizados nessa sede.

Sendo nítido que as sanções aplicáveis correspondem fundamentalmente à pena privativa de liberdade, não pode descurar-se a eventualidade da aplicação de outras penas, de tipo acessório, que auxiliam na máxima repressão que se exige neste tipo de infração.

Nos dias de hoje, tem-se revalorizado uma dimensão económica em aditamento à dimensão psicológica da pena, sendo as penas materiais acessórias do mesmo modo efetivas na repressão dos crimes internacionais.

III. Do prisma das pessoas que são alvo das sanções penais a aplicar, a responsabilidade penal internacional assenta no paradigma de ser uma responsabilidade individual porque são essas pessoas, em si consideradas, que vão sofrer a aplicação de tais penas.

Este é um aspeto que tem suscitado alguma dificuldade porque muitas vezes a perseguição judicial esbarra no regime das imunidades constitucionais que protegem os eventuais criminosos, que, sendo úteis na proteção dos regimes internos legítimos, podem nalguns casos revelar-se pretextos ótimos para impedir o funcionamento da justiça internacional.

Por outra parte, não é de excluir que a responsabilidade penal internacional venha a evoluir no sentido da responsabilização dos Estados e de outras estruturas, aplicando-se-lhes outro tipo de sanções, onde obviamente não fazem sentido as penas privativas de liberdade.

IV. Diferentemente do que por vezes se possa entender, a aplicação da responsabilidade penal internacional não está apenas ligada às instâncias internacionais a quem possa competir, no foro judicial, o julgamento dos crimes internacionais.

Tão importantes quanto essas instâncias internacionais, que se têm consolidado, são as instâncias internas ou estaduais, as quais têm recebido a incumbência de julgar os crimes internacionais.

Note-se a particularidade de a responsabilidade penal internacional não ficar desvitalizada por vir a ser aplicada ao nível dos Direitos Internos, ainda que nesse contexto a sua efetividade seja bem menor.

V. Portugal foi bem o exemplo da absorção, no seu Código Penal, da descrição de alguns crimes internacionais, que assim podem ser reprimidos no plano da ordem penal portuguesa, sendo de referir estes mais importantes, integrados no título III da parte II, exatamente com a epígrafe "Dos crimes contra a paz e a Humanidade":

a) Crimes contra a paz: incitamento à guerra, aliciamento de forças armadas e recrutamento de mercenários[243];
b) Crimes contra a Humanidade: genocídio, discriminação racial ou religiosa, crimes de guerra contra civis, destruição de monumentos, tortura e outros tratamentos cruéis, degradantes ou desumanos[244].

Mais recentemente, alguns destes preceitos foram revogados pela Lei Orgânica nº 3/2004, de 22 de julho, que aprovou nova legislação penal relativa às violações do Direito Internacional Humanitário.

31. O terrorismo e o Direito Internacional da Segurança

I. Os recentes acontecimentos relacionados com o 11 de setembro de 2001 vieram recolocar na agenda internacional o problema do terrorismo[245], que introduz uma lógica transversal na intervenção do Direito Internacional, suscitando-se várias questões:

[243] Cfr., respetivamente, os arts. 236º, 237º e 238º do Código Penal.

[244] Cfr., respetivamente, os arts. 239º, 240º, 241º, 242º, 243º e 244º do Código Penal.

[245] Sobre a problemática do terrorismo, v., de entre outros, José Adelino Maltez, *Curso...*, pp. 187 e ss.; José Alberto de Azeredo Lopes, *Entre solidão e intervencionismo – direito de autodeterminação dos povos e reações de Estados terceiros*, Porto, 2003, pp. 1035 e ss.; García San Pedro, *Análisis jurídico del terrorismo*, in AAVV, *Terrorismo* (coord. de Adriano Moreira), Coimbra, 2004, pp 289 e ss.; Jónatas E. M. Machado, *Direito Internacional...*, pp. 671 e ss.; Luís L. Tomé, *Novo recorte geopo-*

- a definição dos atos de terrorismo;
- a punição penal desses atos; e
- a efetivação das estruturas repressivas.

Do ponto de vista conceptual, o terrorismo insere-se numa relação de tipo triangular, em que alguém inflige um mal a outrem para exercer pressão sobre um terceiro.

A consistência da atividade terrorista é de natureza criminal, representando uma imensa variedade de tipos de crime, contra as pessoas, contra o património e contra o Estado.

II. Não é de hoje a preocupação internacional com o terrorismo, pelo que não se pode estranhar a panóplia apreciável que é possível observar de convenções internacionais que lidam com este flagelo, de que cumpre dar breve notícia:

- a Convenção da Haia para a repressão da tomada ilícita das aeronaves, de 16 de dezembro de 1970;
- a Convenção de Montreal para a repressão de atos ilícitos contra a segurança da aviação civil, de 23 de setembro de 1971;
- a Convenção de Nova Iorque sobre a prevenção e punição dos delitos contra as pessoas internacionalmente protegidas, de 14 de dezembro de 1973;
- a Convenção de Nova Iorque contra a tomada de reféns, de 17 de dezembro de 1979;
- a Convenção de Viena/Nova Iorque sobre a proteção dos materiais nucleares, de 1988;
- a Convenção de Roma sobre a repressão dos atos ilícitos contra a segurança da navegação marítima, de 10 de março de 1988;

lítico mundial, Lisboa, 2004, pp. 153 e ss.; AAVV, *Terrorismo e Relações Internacionais,* Lisboa, 2006; Eric Hobsbawm, *Globalização, Democracia e Terrorismo,* Lisboa, 2008, pp. 23 e ss.

Numa perspetiva mais interna, em Portugal, v. José Miguel Sardinha, *O terrorismo e a restrição dos direitos fundamentais em processo penal,* Coimbra, 1989, pp. 15 e ss.; Manuel Monteiro Guedes Valente, *Terrorismo – fundamento de restrição de direitos?,* in AAVV, *Terrorismo* (coord. de Adriano Moreira), Coimbra, 2004, pp. 377 e ss.; AAVV, *As Teias do Terror – novas ameaças globais,* Lisboa, 2006.

- a Convenção de Montreal sobre a deteção dos explosivos plásticos, de 1 de março de 1991;
- a Convenção de Nova Iorque sobre a repressão dos atentados terroristas cometidos com bombas, de 15 de dezembro de 1997;
- a Convenção de Nova Iorque para a eliminação do financiamento do terrorismo, de 9 de dezembro de 1999.

Contudo, é escassa a normatividade destas convenções, não só pelos poucos Estados vinculados como pela imperfeição das soluções – substantivas e processuais – que foram nelas plasmadas.

Daí que seja necesssário enfrentar a elaboração de uma nova convenção internacional, de natureza global, que possa enfrentar as dificuldades, várias, que se colocam hoje à evitação e repressão do terrorismo internacional, chegando mesmo à limitação do princípio da não ingerência.

Como escreve José García San Pedro, "...a futura Convenção internacional contra o terrorismo deveria rever o princípio da não intervenção nos assuntos internos dos outros Estados, não apenas com relação à violação grave dos direitos humanos, via já aberta, como em relação ao apoio dos Estados ao terrorismo e em relação à colaboração de grupos terroristas com grupos de delinquência organizada que, de forma massiva, contribuam para o aumento do já grave problema do tráfico de drogas e de armas..."[246].

III. Da parte do Direito Português, é de assinalar o empenho no aperfeiçoamento do combate ao fenómeno do terrorismo, o que pode ser encarado sob três perspetivas:

- como restrição aos direitos fundamentais, em particular a liberdade individual;
- como conjunto de tipos criminais, segundo uma descrição típica;
- como conjunto de regras processuais, que oferecem particularidades.

Recentemente, é de assinalar a Lei de Combate ao Terrorismo (Lei nº 52/2003, de 22 de agosto), cujo art. 1º refere como seu objeto "...a pre-

[246] José García San Pedro, *Análisis...*, p. 319.

visão e a punição dos atos e organizações terroristas, em cumprimento da Decisão Quadro nº 2002/475/JAI, do Conselho, de 13 de junho, relativa à luta contra o terrorismo".

De entre os aspetos mais significativos deste novo instrumento legislativo nacional, sublinhe-se[247]:

- a definição de organizações terroristas;
- a agravação no caso de terrorismo internacional;
- a responsabilidade penal das pessoas coletivas.

[247] Cfr., respetivamente, os arts. 2º, 5º e 6º da Lei nº 52/2003.

§ 10º O TRIBUNAL PENAL INTERNACIONAL

32. O Estatuto de Roma

I. O Tribunal Penal Internacional[248] merece uma alusão específica porque não só é pouco – e, às vezes, mal – estudado como sobretudo pela sua acrescida relevância na consolidação da justiça penal internacional.

[248] Sobre o Tribunal Penal Internacional em geral, v. MARIA LEONOR ASSUNÇÃO, *O Tribunal Internacional Penal permanente e o mito de Sísifo*, in *Revista Portuguesa de Direito Criminal*, 1998, pp. 27 e ss.; JEAN-FRANÇOIS DOBELLE, *La Convention de Rome Portant Statut de la Cour Pénale Internationale*, in *Annuaire François de Droit International*, 1998, pp. 356 e ss.; WLADIMIR BRITO, *Tribunal Penal Internacional: uma garantia jurisdicional para a proteção dos direitos da pessoa humana*, in *Boletim da Faculdade de Direito da Universidade de Coimbra*, 2000, pp. 81 e ss.; PAULA ESCARAMEIA, *Quando o mundo das soberanias se transforma no mundo das pessoas: o Estatuto do Tribunal Penal Internacional e as Constituições nacionais*, in *Revista da Faculdade de Direito da Universidade Nova de Lisboa*, Lisboa, ano II, nº 3 de 2001, pp. 143 e ss., e *Reflexões sobre temas de Direito Internacional*, Lisboa, 2001, pp. 255 e ss.; JOÃO MANUEL DA SILVA MIGUEL, *Tribunal Penal Internacional: o após Roma e as consequências da ratificação*, in *Revista do Ministério Público*, ano 22, Abril-Junho de 2001, nº 86, pp. 27 e ss.; JOSÉ DE CAMPOS AMORIM, *O Tribunal Penal Internacional: um novo sistema de justiça universal*, in *Lusíada (Porto)*, nºs 1-2, 2001, pp. 103 e ss.; M. CHERIF BASSIOUNI, *Introduction au Droit Pénal...*, pp. 35 e ss.; JOSÉ LUÍS RODRIGUEZ-VILLASANTE Y PRIETO, *La justicia penal...*, pp. 246 e ss.; NGUYEN QUOC DINH, PATRICK DAILLIER e ALAIN PELLET, *Droit...*, pp. 725 e ss.; FERNANDO ARAÚJO, *O Tribunal Penal Internacional e o problema da jurisdição universal*, in *Revista da Faculdade de Direito da Universidade de Lisboa*, vol. XLIII, nº 1 de 2002, Lisboa, pp. 73 e ss.; ALBERTO COSTA, *Tribunal Penal Internacional*, Lisboa, 2002; ANTÓNIO GUÉVÈL BRANCO, *O Tribunal Penal Internacional – estatuto*, Lisboa,

Trata-se de uma instituição permanente, que visa a aplicação do Direito Penal Internacional mais grave, em complemento das jurisdições nacionais: "É criado, pelo presente instrumento, um Tribunal Penal Internacional (...). O Tribunal será uma instituição permanente, com jurisdição sobre as pessoas responsáveis pelos crimes de maior gravidade com alcance internacional, de acordo com o presente Estatuto, e será complementar das jurisdições penais nacionais"[249].

Foi criado pelo Estatuto de Roma do Tribunal Penal Internacional, que é um tratado internacional, negociado sob os auspícios da Organização das Nações Unidas, e aberto à assinatura até 31 de dezembro de 2000[250], dele sendo apenas partes os Estados, podendo do mesmo retirar-se com um aviso prévio de um ano, embora mantendo-se vigentes alguns deveres de natureza financeira e de cooperação judiciária[251].

2002, pp. 17 e ss.; PHILIPPE SANDS, *After Pinochet: the role of national courts*, in AAVV, *From Nuremberg to The Hague – the future of international criminal justice* (ed. de PHILIPPE SANDS), Cambridge, 2003, pp. 74 e ss.; ANABELA MIRANDA RODRIGUES, *Princípio da jurisdição penal universal e Tribunal Penal Internacional – exclusão ou complementaridade?*, in AAVV, *Direito Penal Internacional para a proteção dos direitos humanos*, Lisboa, 2003, pp. 57 e ss.; JAMES CRAWFORD, *The drafting of the Rome Statute*, in AAVV, *From Nuremberg to The Hague – the future of international criminal justice* (ed. de PHILIPPE SANDS), Cambridge, 2003, pp. 109 e ss.; JOSÉ DE MATOS CORREIA, *Tribunais penais...*, pp. 36 e ss.; JORGE MIRANDA, *Curso...*, pp. 327 e 328; JORGE BACELAR GOUVEIA, *O Tribunal Penal Internacional: uma perspetiva de Direito Internacional e de Direito Constitucional*, in *Juris Poiesis – Revista do Curso de Direito da Universidade Estácio de Sá*, ano 7, nº 6, 2004, pp. 273 e ss., e *Direito Internacional Penal...*, pp. 153 e ss.; ANA LUÍSA RIQUITO, *O Direito Internacional Penal entre o risco de Cila e o de Caríbdes*, in AAVV, *O Tribunal Penal Internacional e a Ordem Jurídica Portuguesa* (org. de Vital Moreira), Coimbra, 2004, pp. 162 e ss.; GERHARD WERLE, *Principles of International Criminal...*, pp. 18 e ss.; RENATA MANTOVANI DE LIMA e MARINA MARTINS DA COSTA BRINA, *O Tribunal Penal Internacional*, Belo Horizonte, 2006; VALÉRIO DE OLIVEIRA MAZZUOLI, *Curso de Direito Internacional...*, pp. 545 e ss.; KAI AMBOS, *Internationales Strafrecht*, pp. 105 e ss.; AAVV, *O Tribunal Penal Internacional e a transformação do Direito Internacional* (org. de JOÃO MANUEL DA SILVA MIGUEL E PAULO PINTO DE ALBUQUERQUE), Lisboa, 2007.

[249] Art. 1º do Estatuto de Roma do Tribunal Penal Internacional.

[250] Cfr. o art. 125º do Estatuto de Roma do Tribunal Penal Internacional.

[251] Cfr. o art. 127º do Estatuto de Roma do Tribunal Penal Internacional.

Desde que foi concluído em 1998, já obteve o número mínimo de instrumentos de vinculação, que são 60[252], tendo entrado em vigor em 1 de julho de 2002 e estando sediado na cidade neerlandesa da Haia[253].

II. O Estatuto de Roma do Tribunal Penal Internacional[254] tem a forma de tratado internacional solene, contando com 128 artigos, que sistematicamente se distribuem por 13 capítulos, assim agrupados:

- Capítulo I – *Criação do Tribunal*
- Capítulo II – *Competência, admissibilidade e Direito aplicável*
- Capítulo III – *Princípios gerais de Direito Penal*
- Capítulo IV – *Composição e administração do Tribunal*
- Capítulo V – *Inquérito e procedimento criminal*
- Capítulo VI – *O julgamento*
- Capítulo VII – *As penas*
- Capítulo VIII – *Recurso e revisão*
- Capítulo IX – *Cooperação internacional e auxílio judiciário*
- Capítulo X – *Execução da pena*
- Capítulo XI – *Assembleia dos Estados Partes*
- Capítulo XII – *Financiamento*
- Capítulo XIII – *Cláusulas finais*

No tocante ao edifício normativo-penal, o Estatuto de Roma do Tribunal Penal Internacional é apenas uma sua parte porque esse documento remete para outras instâncias – como a Assembleia dos Estados Partes – a definição de dois outros importantes textos normativos, que assim não alcançam o valor de tratado internacional:

- os *elementos constitutivos dos crimes*, que são a especificação dos tipos de crimes que ficam sendo abrangidos pela jurisdição do Tribunal Penal Internacional[255]; e

[252] Cfr. o art. 126º do Estatuto de Roma do Tribunal Penal Internacional.

[253] Cfr. o art. 3º do Estatuto de Roma do Tribunal Penal Internacional.

[254] Cfr. o respetivo texto, na versão oficial portuguesa, em JORGE BACELAR GOUVEIA, *Textos Fundamentais de Direito Internacional Público*, Coimbra, 2012, pp. 113 e ss.

[255] Cfr. o art. 9º do Estatuto de Roma do Tribunal Penal Internacional.

- os *elementos processuais penais*, nos mesmos termos a definir posteriormente.

Para além disso, o Estattuto de Roma do Tribunal Penal Internacional mostra-se particularmente blindado, porquanto no seu percurso de vinculação não aceita a formulação de qualquer reserva[256], o que tem suscitado não poucos problemas de efetividade.

A modificação posterior do Estatuto de Roma do Tribunal Penal Internacional pode ter lugar segundo três esquemas paralelos, com alcances distintos[257]:

- a alteração de disposições de natureza institucional, que pode acontecer em qualquer momento;
- a alteração do Estatuto de Roma do Tribunal Penal Internacional, para qualquer matéria, ao fim de sete anos de vigência, por iniciativa dos Estados, no seio da reunião da Assembleia dos Estados Partes;
- a revisão do Estatuto de Roma do Tribunal Penal Internacional, para qualquer assunto, sob proposta do Secretário-Geral das Nações Unidas, no âmbito de uma conferência de revisão.

III. Embora já se encontre em vigor, a colaboração dos Estados ao Estatuto de Roma do Tribunal Penal Internacional tem sido polémica, dado o passo extremamente significativo que implica num domínio que tem sido pertença absoluta da soberania estadual: o *ius puniendi*.

São vários os importantes Estados que já manifestaram a vontade de não vir a estar abrangidos pelo Estatuto de Roma do Tribunal Penal Internacional, o que se afigura muito negativo para o êxito desta jurisdição, de entre eles se salientando a oposição dos Estados Unidas da América[258].

[256] Cfr. o art. 120º do Estatuto de Roma do Tribunal Penal Internacional.

[257] Cfr. os arts. 121º, 122º e 123º do Estatuto de Roma do Tribunal Penal Internacional.

[258] Cfr. a dura crítica formulada por ANTÓNIO GUÉVÈL BRANCO (*O Tribunal...*, p. 22), ao dizer o seguinte: "Esta posição não é minimamente aceitável porquanto o Estatuto do Tribunal Penal Internacional prevê no seu art. 7º que as organizações terroristas podem ser perseguidas por crimes contra a Humanidade, nos quais se incluem os atos terroristas que os EUA pretendem continuar a perseguir. É de facto preocupante que no momento em que a impunidade aos criminosos começa a cair,

Apesar da bondade de algumas das soluções contidas no Estatuto de Roma do Tribunal Penal Internacional, não deixa o mesmo de neste momento representar a linha de fronteira em relação ao exercício daquela soberania, ao que também não serão alheios os diversos erros em que soçobram vários dos seus preceitos[259].

IV. Uma das principais dificuldades com que o Estatuto de Roma do Tribunal Penal Internacional se debate é o facto de poder não vir a ser uma jurisdição universal, não obstante ser um tratado multilateral geral, que se vocaciona para a vinculação voluntária de todos os Estados[260].

Evidentemente que sempre poderá restar a via costumeira, já tendo sucedido, até mais do que uma vez, que um tratado multilateral, durante muito tempo sem vigorar a título convencional, se tenha tornado eficaz por força da formação de costumes, alguns mesmo de criação instantânea[261].

Não se crê que essa seja uma hipótese plausível porque assentaria numa suma ironia: ser o Estatuto de Roma do Tribunal Penal Internacional globalmente vinculativo por via consuetudinária quando ele próprio não se cansa de proclamar o princípio da legalidade criminal, que tem como vertente mais significativa – no contexto constitucionalista em que nasceu e depois passando para o âmbito internacional – proscrever a formação de costumes penais, não se esperando, assim, que venha a ser o próprio Estatuto de Roma do Tribunal Penal Internacional um desses exemplos.

A dificuldade – que provavelmente se converterá em impossibilidade – de se atingir uma jurisdição universal, que seja vinculativa dos Estados, é sempre um risco que se deve correr, devendo ser sobretudo visto como

não exista uma maior unanimidade em torno da criação do Tribunal Penal Internacional".

[259] Cfr. Alexandre Teixeira Neto Guerreiro, *A resistência dos Estados Africanos à Jurisdição do Tribunal Penal Internacional*, Coimbra, 2012, pp. 32 e ss.

[260] Cfr. Anabela Miranda Rodrigues, *Princípio...*, pp. 67 e ss.

[261] Hipótese expressamente ponderada, mas depois rejeitada, por Fernando Araújo (*O Tribunal...*, p. 111): "Não parece, assim, que o Estatuto do TPI tenha dado instantaneamente origem a uma nova jurisdição assente em direito consuetudinário, ou que tenha por essa via tido a virtualidade de vincular à sua jurisdição Estados terceiros".

um caminho que levará muitos anos a atingir, exigindo porventura recuar nalgumas precipitadas soluções que foram adotadas[262].

33. Os crimes previstos e as penas aplicáveis

I. Olhando ao Direito Internacional Penal, o Tribunal Penal Internacional não se aplica à totalidade daquele setor jurídico-internacional, pois que, até de acordo com a respetiva definição, apenas se dedica aos crimes mais graves[263].

Se se fizer uma representação gráfica, conclui-se que o Direito substantivo que o Tribunal Penal Internacional aplica é um círculo concêntrico menor dentro de um círculo maior, que representa o Direito Internacional Penal total.

Autonomamente enunciando os crimes e as penas aplicáveis, o Estatuto de Roma do Tribunal Penal Internacional contém uma cláusula geral que apela para outras fontes normativas aplicáveis, com diversas gradações, a fazer lembrar o já nosso bem conhecido art. 38º do Estatuto do Tribunal Internacional de Justiça:

- o Estatuto de Roma do Tribunal Penal Internacional, os elementos do crime e o Regulamento Processual;
- o Direito Internacional Penal e o Direito Internacional dos Conflitos Armados;
- os princípios gerais do Direito Interno[264].

II. Ao observar diretamente o Estatuto de Roma do Tribunal Penal Internacional, e dentro dos "crimes mais graves que afetam a comuni-

[262] Como escreve Anabela Miranda Rodrigues (*Princípio...*, p. 73), "Porque baseada primariamente nas jurisdições penais dos Estados, a combinação da jurisdição penal nacional universal com a jurisdição penal internacional é um sistema realizável e adequado nas presentes circunstâncias internacionais, com uma ordem jurídica de soberanias estaduais altamente descentralizadas que "querem" e "devem" garantir um mínimo de valores comuns".

[263] Cfr. Jorge Miranda, *Curso...*, p. 327.

[264] Cfr. o art. 21º, nº 1, do Estatuto de Roma do Tribunal Penal Internacional.

dade internacional no seu conjunto", há uma seleção que abrange os seguintes tipos[265]:

- o crime de genocídio[266];
- os crimes contra a Humanidade;
- os crimes de guerra; e
- o crime de agressão.

Quanto às sanções punitivas a aplicar, é de realçar a primazia que deve ser dada às penas privativas de liberdade, que podem ser de duas categorias, alternativamente[267]:

- a *pena de prisão por um número determinado de anos, até ao limite máximo de 30 anos*; ou
- a *pena de prisão perpétua*, se o elevado grau de ilicitude do facto e as condições pessoais do condenado o justificarem.

O Estatuto de Roma do Tribunal Penal Internacional prevê igualmente, ao lado destas duas penas principais, privativas de liberdade, a existência de penas acessórias, em duas modalidades[268]:

- a *pena de multa*; e
- a *perda de produtos, bens e haveres provenientes, direta ou indiretamente, do crime*.

III. A aplicação destas penas à prática dos crimes descritos submete-se ainda a um importante conjunto de orientações materiais que têm permitido a construção, no Direito Interno, da Teoria da Lei Penal e da

[265] Cfr. o art. 5º do Estatuto de Roma do Tribunal Penal Internacional. Cfr. a definição mais pormenorizada destes crimes nos arts. 6º e ss. do Estatuto de Roma do Tribunal Penal Internacional. Cfr. MARIA LEONOR ASSUNÇÃO, *Apontamento sobre o crime contra a Humanidade*, in AAVV, *Estudos em Homenagem a Cunha Rodrigues*, Coimbra, 2001, pp. 71 e ss.; JOSÉ DE MATOS CORREIA, *Tribunais penais...*, pp. 37 e ss.

[266] Sobre o crime de genocídio em particular, numa excelente análise, simultaneamente internacional, estadual e cultural, IVO MIGUEL BARROSO, *O acordo com vista à prática de genocídio...*, pp. 215 e ss.

[267] Cfr. o art. 77º, nº 1, als. a) e b), do Estatuto de Roma do Tribunal Penal Internacional.

[268] Cfr. o art. 77º, nº 2, do Estatuto de Roma do Tribunal Penal Internacional.

Teoria da Infração Penal, do mesmo modo aqui estando presentes, que nos Direitos Penais Internos se assumem até constitucionalmente relevantes[269].

Ao nível da Teoria da Lei Penal, é de frisar a afirmação de vários importantes princípios[270]:

- o princípio da legalidade;
- o princípio da determinação;
- o princípio da tipicidade; e
- o princípio da irretroatividade.

Ao nível da Teoria da Infração Penal, são também várias as orientações a levar em consideração[271]:

- o princípio da culpa;
- o princípio da relevância das causas de exclusão da ilicitude e da culpa; e
- o princípio da imprescritibilidade dos crimes.

IV. Todo este novo e complexo Direito Internacional Penal não deixa de suscitar a maior das perplexidades na sua relação com os Direitos Penais Estaduais, quanto mais não seja porque se lhes oferece numa linha de complementaridade, processual e substantiva.

Ora, é exatamente desta complementaridade substantiva que cura um dos mais estranhos e misteriosos preceitos do Estatuto de Roma do Tribunal Penal Internacional, localizando-se depois da definição das penas que considera aplicáveis: "Nada no presente capítulo prejudicará a aplicação, pelos Estados, das penas previstas nos respetivos Direitos internos, ou a aplicação da legislação de Estados que não preveja as penas referidas neste capítulo"[272].

O motivo para essa ininteligibilidade reside no seguinte: se o Estatuto de Roma do Tribunal Penal Internacional é complementar das penas

[269] Cfr. Jorge Bacelar Gouveia, *Direito Internacional Penal...*, pp. 153 e ss.

[270] Cfr. os arts. 22º e ss. do Estatuto de Roma do Tribunal Penal Internacional.

[271] Cfr. os arts. 25º e ss. do Estatuto de Roma do Tribunal Penal Internacional.

[272] Art. 80º do Estatuto de Roma do Tribunal Penal Internacional. Cfr. Ana Luísa Riquito, *O Direito Internacional...*, pp. 170 e ss.

aplicáveis pelo Direito Interno, cedendo perante estas, e sem que haja um mecanismo de verificação da respetiva razoabilidade, então para que serve todo o aparato do Estatuto de Roma do Tribunal Penal Internacional, se ele não pode funcionar no caso em que os Estados apliquem penas simbólicas ou, pura e simplesmente, não prevejam nenhumas penas, isentando os óbvios criminosos de qualquer responsabilidade penal ao nível interno?

Percebe-se que o Estatuto de Roma do Tribunal Penal Internacional pretende, cautelosamente, não contrariar o sentido interno, mas não sendo esse propósito regulativamente plasmado, bem pode o Estatuto de Roma do Tribunal Penal Internacional engrossar o conjunto das "inutilidades jurídico-internacionais" porque se autocontém perante o Direito Interno que se alinhe num objetivo contrário, na defesa da impunidade interna frente aos crimes internacionais.

34. O âmbito da jurisdição penal e a articulação com as jurisdições nacionais

I. O Tribunal Penal Internacional é do mesmo modo relevante no plano do Direito Processual Penal, contendo inúmeras disposições nessa matéria, e absorveu várias influências dos sistemas judiciários internos.

Mas é incomum que o principal instrumento desse ordenamento jurídico-processual penal não conste tanto do Estatuto de Roma do Tribunal Penal Internacional quanto do Regulamento Processual, que deverá ser aprovado pela Assembleia dos Estados Partes, podendo os juízes, até à sua aprovação, adotar normas provisórias, nas situações de justificada urgência[273].

Noutra perspetiva, também o Tribunal Penal Internacional deve aprovar o Regimento do Tribunal, "...necessário ao normal funcionamento do Tribunal"[274].

II. Na sua organização interna, o Tribunal Penal Internacional, em rigor, não é somente um tribunal: é mais um complexo de justiça penal

[273] Cfr. o art. 51º, nºs 1 e 2, do Estatuto de Roma do Tribunal Penal Internacional.

[274] Art. 52º, nº 1, *in fine*, do Estatuto de Roma do Tribunal Penal Internacional.

internacional, onde se localizam diversas estruturas, formalmente consideradas como órgãos do Tribunal[275]:

- a presidência;
- as secções de recurso, de julgamento e de instrução;
- o procurador;
- a secretaria.

Um outro órgão que deve ser autonomamente considerado – mas que erroneamente não consta da aludida enumeração – é o próprio plenário dos juízes do Tribunal Penal Internacional, a quem cabem importantes competências regulativas, como a da aprovação de normas provisórias, enquanto não seja aprovado o Regulamento Processual, ou a elaboração do seu próprio Regimento, para além da competência de impulsão de outros procedimentos, como do próprio Regulamento Processual, em relação ao qual tem poder de iniciativa.

III. Do ponto de vista das suas competências, o Tribunal Penal Internacional exerce o respetivo poder em três circunstâncias, tendo um total de 18 juízes:

- a *competência de instrução*, no âmbito da investigação dos processos;
- a *competência de julgamento*, quando decide se alguém deve ser condenado ou absolvido;
- a *competência de revisão*, quando aprecia, em recurso, uma decisão anterior.

IV. O itinerário jurídico-processual assenta na existência de uma estrutura acusatória, em que se separa a entidade que acusa da entidade que julga, sendo de enquadrar diversas fases[276]:

- o *inquérito*;
- a *instrução*;
- o *julgamento*;

[275] Cfr. os arts. 34º e ss. do Estatuto de Roma do Tribunal Penal Internacional.

[276] Cfr. António Guévèl Branco, *O Tribunal...*, pp. 28 e ss.; José de Matos Correia, *Tribunais penais...*, pp. 43 e 44.

- a *execução*;
- o *recurso*.

O *inquérito*, perante a notícia da prática de um crime abrangido pela competência do tribunal[277], engloba um conjunto de atividades e iniciativas destinadas à investigação preliminar da existência de crimes, das suas circunstâncias e da respetiva autoria, podendo terminar de duas maneiras:

- com o *arquivamento*, situação em que, afinal, nada se apurou, após a conclusão da atividade investigatória;
- com a *acusação*, tendo havido a descoberta de elementos suficientes para uma convicção acerca da probabilidade da prática de certo crime, de certa autoria.

A *instrução*[278] implica que ao juiz dessa fase incumba uma apreciação preliminar relativamente aos factos de que alguém é imputado na acusação, podendo decidir declará-la procedente ou não.

O *julgamento*[279], que só faz sentido se a primeira fase tiver terminado com a acusação, implica que o acusado se submete a um juízo final, perante um grupo de juízes de outra secção, aí sendo o momento da produção de prova definitiva, no sentido de permitir ao Tribunal uma decisão relativamente ao facto de o arguido dever ser condenado ou absolvido.

A *execução*[280], só naturalmente fazendo sentido no caso de ter havido a condenação, destina-se a concretizar a aplicação da pena de prisão, quer do ponto de vista do local, quer do ponto de vista da respetiva duração e regime de reclusão.

O *recurso*[281] tem o objetivo de permitir um reexame de uma primeira sentença definitiva, vivenciando-se o duplo grau de jurisdição em matéria penal. Importa, contudo, dele distinguir a revisão de sentença[282], que tem um cariz extraordinário, sempre que, depois do trânsito em julgado, haja

[277] Cfr. os arts. 13º e ss. e 53º e ss. do Estatuto de Roma do Tribunal Penal Internacional.

[278] Cfr. os arts. 60º e 61º do Estatuto de Roma do Tribunal Penal Internacional.

[279] Cfr. os arts. 62º e ss. do Estatuto de Roma do Tribunal Penal Internacional.

[280] Cfr. os arts. 103º e ss. do Estatuto de Roma do Tribunal Penal Internacional.

[281] Cfr. os arts. 81º e ss. do Estatuto de Roma do Tribunal Penal Internacional.

[282] Cfr. o art. 84º do Estatuto de Roma do Tribunal Penal Internacional.

elementos novos que determinem a alteração da condenação, que já não é possível levar a cabo através do processo de recurso.

V. O exercício desta jurisdição por parte do Tribunal Penal Internacional submete-se a alguns aspetos rectores que condicionam a segregação do correspondente poder jurisdicional, de entre elas se frisando os seguintes princípios[283]:

- o princípio do juiz legal[284];
- o princípio do *ne bis in idem*[285];
- o princípio da irrelevância das imunidades constitucionais dos arguidos[286];
- o princípio da presunção de inocência do arguido[287];
- o princípio da cooperação com o tribunal[288];
- o princípio da jurisdição complementar relativamente às jurisdições internas.

Sem dúvida que se trata de um poder jurisdicional, uma vez que a jurisdição é independente e as suas decisões têm força de caso julgado material[289].

VI. Este último princípio, pela sua relevância nuclear na afirmação do Tribunal Penal Internacional, merece uma atenção especial, já que se posiciona no difícil equilíbrio de impor sem desconsiderar a efetividade das jurisdições nacionais.

De acordo com o preâmbulo, o Tribunal Penal Internacional será "... complementar das jurisdições penais nacionais"[290], igualmente aplicando

[283] Cfr. José Eduardo Sambo, *Os princípios processuais do Tribunal Penal Internacional*, in *Revista do Direito de Língua Portuguesa*, nº 1 de 2013, pp. 189 e ss.

[284] Cfr. o art. 12º do Estatuto de Roma do Tribunal Penal Internacional.

[285] Cfr. o art. 20º do Estatuto de Roma do Tribunal Penal Internacional.

[286] Cfr. o art. 27º do Estatuto de Roma do Tribunal Penal Internacional.

[287] Cfr. o art. 66º do Estatuto de Roma do Tribunal Penal Internacional.

[288] Cfr. os arts. 86º e ss. do Estatuto de Roma do Tribunal Penal Internacional.

[289] Cfr. Nguyen Quoc Dinh, Patrick Daillier e Alain Pellet, *Droit...*, p. 726.

[290] § 10º do preâmbulo do Estatuto de Roma do Tribunal Penal Internacional.

o princípio do *ne bis in idem*, tanto para crimes já julgados pelo próprio tribunal como para os mesmos crimes julgados por outro tribunal[291].

Contudo, o próprio Estatuto de Roma do Tribunal Penal Internacional é muito claro nos casos em que desvaloriza o anterior ou concomitante exercício de poder jurisdicional sobre um mesmo crime que também entenda por bem julgar: "O Tribunal não poderá julgar uma pessoa que já tenha sido julgada por outro tribunal por atos também punidos pelos artigos 6º, 7º ou 8º, a menos que o processo nesse outro tribunal: a) Tenha tido por objetivo subtrair o arguido à sua responsabilidade criminal por crimes da competência do Tribunal; ou b) Não tenha sido conduzido de forma independente ou imparcial, em conformidade com as garantias de um processo equitativo reconhecidas pelo Direito Internacional, ou tenha sido conduzido de uma maneira que, no caso concreto, se revele incompatível com a intenção de submeter a pessoa à ação da justiça"[292].

Este vem a ser um melindroso aspeto do Tribunal Penal Internacional porque se tenta fazer a "quadratura do círculo": ao mesmo tempo que pretende aceitar a validade das jurisdições nacionais, determina a sua irrelevância em certos casos[293]. E note-se o modo bastante equívoco como aquele preceito está redigido, tudo se resumindo à descoberta de uma "intenção" – do foro puramente psicológico e sem se exigir um qualquer índice do foro objetivo, que por si seja naturalmente mais seguro – de subtrair a pessoa em causa à ação da justiça, partindo-se também do pressuposto de que as jurisdições dos Estados partes neste tratado internacional podem revelar essas "maléficas intenções"[294].

[291] Cfr. o art. 20º do Estatuto de Roma do Tribunal Penal Internacional. Cfr. António Guévèl Branco, *O Tribunal...*, p. 27.

[292] Art. 20º, nº 3, do Estatuto de Roma do Tribunal Penal Internacional.

[293] Cfr. a dura crítica de Fernando Araújo, *O Tribunal...*, pp. 79 e ss. Cfr. também Nguyen Quoc Dinh, Patrick Daillier e Alain Pellet, *Droit...*, p. 727.

[294] O que, além do mais, deixa muitas dúvidas acerca da aplicação do princípio da boa fé na atividade de contratação internacional, instalando a desconfiança no funcionamento das justiças internas dos Estados que se pretende que sejam partes no Estatuto de Roma do Tribunal Penal Internacional.

35. Apreciação crítica do Tribunal Penal Internacional

I. Sem depreciar os seus inegáveis méritos, o Tribunal Penal Internacional sem dúvida que tem ainda um outro mérito, decerto imprevisto pelos seus fautores, que foi o de ter ressuscitado muitos ferverosos debates na Ciência do Direito Internacional Público, há muito adormecida nalgumas falsas unanimidades.

As principais críticas que lhe têm sido dirigidas respeitam aos seguintes três tópicos, sem contar ainda com a apreciação que se possa fazer do ponto de vista do Direito Português, as quais inelutavelmente conduzirão a quebras sistemáticas e valorativas dificilmente reparáveis[295]:

- a *vontade de estabelecer uma jurisdição uniforme*;
- a *preocupação com a consagração de uma justiça imparcial*; e
- a *abrangência da moldura das penas apresentadas e a sua regulação.*

II. Em relação ao primeiro problema, percebe-se que a valia intrínseca do Tribunal Penal Internacional está muito dependente de poder valer universalmente. Ninguém compreenderia que só se aplicasse a alguns e que outros pudessem escapar ao seu domínio regulador.

Facilmente se compreende que o Estatuto de Roma do Tribunal Penal Internacional tenha nascido sob os auspícios da Organização das Nações Unidas, num objetivo que mergulha as suas raízes já na década de quarenta, mas cujos trabalhos só recentemente se concluíram.

Como também se compreende o desejo de ter sido elaborado um tratado internacional o mais possível defendido de intuitos "divisionistas" (havendo, recorde-se, a proibição da aposição de reservas), que facilmente pudessem esfrangalhar a unidade lógico-temática do Tribunal Penal Internacional, sem a qual o mesmo nunca poderia levar a bom porto a sua missão no novo Direito Internacional Penal.

Mas é o próprio Estatuto de Roma do Tribunal Penal Internacional a desferir um rude golpe nessa unidade sistemática, admitindo que os Estados possam negociar aspetos processuais atinentes à entrega de suspei-

[295] Cfr. Jorge Bacelar Gouveia, *Direito Internacional Penal...*, pp. 138 e ss.

tos, no âmbito de acordos celebrados e no âmbito de imunidades internacionais, de acordo com duas hipóteses[296]:

- "O Tribunal não pode dar seguimento a um pedido de entrega ou de auxílio por força do qual o Estado requerido devesse atuar de forma incompatível com as obrigações que lhe incumbem à luz do Direito Internacional em matéria de imunidade dos Estados ou de imunidade diplomática de pessoa e de bens de um Estado terceiro…";
- "O Tribunal não pode dar seguimento à execução de um pedido de entrega por força do qual o Estado requerido devesse atuar de forma incompatível com as obrigações que lhe incumbem em virtude de acordos internacionais à luz dos quais o consentimento do Estado de envio é necessário para que uma pessoa pertencente a esse Estado seja entregue ao Tribunal…".

O Estatuto de Roma do Tribunal Penal Internacional dá com a mão esquerda aquilo que evitou com a mão direita: aceita que os Estados, na execução do Estatuto de Roma do Tribunal Penal Internacional, possam estabelecer acordos no sentido de, na prática, desvirtuar a sua aplicação. Ora, eis uma solução no mínimo absurda e não pode ser abonatória para quantos estiveram na génese de uma solução deste jaez.

III. No tocante ao segundo tópico mencionado, é inegável que a criação do Tribunal Penal Internacional, em comparação com as soluções anteriores, inexistentes ou circunstanciais, marca um assinalável passo em frente na jurisdicionalização da repressão dos crimes internacionais mais graves.

Só que essa é uma solução que também encontra as suas limitações, capciosamente assumidas na economia global de um texto que se ufana de ter alcançado um novo paradigma na evolução do Direito Internacional Público.

Estamos a pensar no esdrúxulo mecanismo de intervenção do Conselho de Segurança: "O inquérito ou o procedimento criminal não poderão ter início ou prosseguir os seus termos, com base no presente Estatuto, por um período de 12 meses a contar da data em que o Conselho de Segu-

[296] Art. 98º do Estatuto de Roma do Tribunal Penal Internacional, sob a epígrafe "Cooperação relativa à renúncia, à imunidade e ao consentimento na entrega".

rança assim o tiver solicitado em resolução aprovada nos termos do disposto no capítulo VII da Carta das Nações Unidas; o pedido poderá ser renovado pelo Conselho de Segurança nas mesmas condições"[297].

É muito difícil aceitar a interferência de um órgão político no coração do exercício do poder público de uma instância que se quer jurisdicional, numa intervenção que, além do mais, não só pode acontecer em qualquer momento processual como pode inclusivamente repetir-se, se bem que tenha a favor a sua temporariedade e o contexto adstringente do capítulo VII da Carta das Nações Unidas.

IV. Quanto à matéria referida em terceiro lugar, no conjunto das penas que Estatuto de Roma do Tribunal Penal Internacional prevê aplicar aos crimes que descreve, foi já um passo importante ter sido afastada a pena de morte.

Neste ponto, importa saudar as soluções a que se chegou no final das respetivas negociações, sendo certo que múltiplos Estados participantes, até do Mundo ocidental, por admitirem a pena de morte no seu seio, tentaram a respetiva exportação para o Estatuto de Roma do Tribunal Penal Internacional.

Se foi bom que o resultado final não tivesse adotado a pena de morte pelos crimes internacionais previstos no Estatuto de Roma do Tribunal Penal Internacional[298], não deixa de causar sérias apreensões a amplitude das penas previstas ser ainda excessiva do ponto de vista de um critério de justiça material, a que o Direito Internacional Público, como qualquer Direito, jamais pode ficar alheio e, pelo contrário, quer com certeza aspirar.

É que, por um lado, consagra-se a pena de prisão perpétua, o que está, nos dias de hoje, em total desarmonia com as mais recentes tendências, não se apresentando numa perspetiva preventiva, mas unicamente retributiva, e encontrando-se abandonada pelos Estados que mais avançados estão nos respetivos estudos criminológicos e jurídico-penais.

[297] Art. 16º do Estatuto de Roma do Tribunal Penal Internacional. Cfr. ANTÓNIO GUÉVÈL BRANCO, *O Tribunal...*, p. 24.

[298] Quanto a alguns dos pormenores desta negociação, em que a delegação portuguesa foi atuante, MARIA LEONOR ASSUNÇÃO, *TPI e lei penal e processual penal portuguesa*, in AAVV, *O Tribunal Penal Internacional e a Ordem Jurídica Portuguesa*, Coimbra, 2004, p. 55, nota 19.

Mas, por outro lado, mesmo nos casos em que a pena é da outra categoria menor, ela pode ir até aos 30 anos, numa moldura exageradamente extensa, coibindo-se – e, a nosso ver, mal – o Estatuto de Roma do Tribunal Penal Internacional de conferir índices seguros que pudessem limitar uma ampla discricionariedade jurisdicional na definição da pena aplicável a cada criminoso julgado pelo Tribunal Penal Internacional, quando se sabe que o desvalor desses crimes não é todo igual[299].

36. A Constituição Portuguesa e o Tribunal Penal Internacional

I. Logo que o Estatuto de Roma do Tribunal Penal Internacional foi concluído, o Estado Português manifestou o interesse de pôr em marcha o procedimento de vinculação ao mesmo, dando sequência às fases, em que diretamente participou, da negociação e da adoção do respetivo texto[300].

[299] Num tom menos agressivo e mais complacente para com o Estatuto de Roma do Tribunal Penal Internacional, José de Matos Correia (*Tribunais penais...*, pp. 44 e 45) suaviza tal resultado em face da gravidade dos atos perpetrados, a merecerem bem essa dura pena de prisão perpétua: "Estão em causa comportamentos revelando da barbárie: destruição de grupos nacionais, étnicos, rácicos ou religiosos, ataques sistemáticos ou generalizados a populações civis envolvendo homicídios, extermínio, escravidão, deportação, tortura, gravidez ou esterilização forçadas, *apartheid*, etc. Atos que, pela sua especial gravidade, questionam de forma inaceitável os pilares fundamentais em que a comunidade internacional assenta, nomeadamente no que diz respeito aos direitos inalienáveis e à própria dignidade do ser humano".

Mas estes não são argumentos que nos impressionem em atenção ao facto de o Direito Penal estar há muito tempo desprovido de uma dimensão exclusivamente retributiva, sendo igualmente sensível à prevenção e à ressocialização, não se podendo ainda esquecer que estes mesmos crimes não têm sempre o dramático resultado da prisão perpétua, mas podem desembocar em penas bem mais suaves, não sendo no tipo de crime que reside o problema da valoração da pena a aplicar.

[300] Sobre a articulação do Tribunal Penal Internacional com a Constituição da República Portuguesa, v. Maria Fernanda Palma, *Tribunal Penal Internacional e Constituição Penal*, in *Revista Portuguesa de Direito Criminal*, vol. 11, 2001, pp. 7 e ss.; Jorge Bacelar Gouveia, *Reflexões sobre a 5ª revisão da Constituição Portuguesa*, in AAVV, *Nos 25 anos da Constituição da República Portuguesa de 1976 – evolução constitu-*

Foi assim que este tratado internacional viria a incorporar-se no Direito Português, sendo publicado no *Diário da República* de 18 de janeiro de 2002, não sem que antes tivesse motivado uma pontual revisão constitucional[301].

É que a vinculação de Portugal ao Estatuto de Roma do Tribunal Penal Internacional levantava – e, tristemente, continua a levantar – graves dificuldades por algumas das soluções nele vertidas se apresentarem problemáticas diante do património português do Direito Penal e do Direito Processual Penal[302], em grande medida constitucionalmente relevante.

II. Com o especioso objetivo de bem adequar o texto do Estatuto de Roma do Tribunal Penal Internacional à Constituição da República Portuguesa, o legislador de revisão sentiu então necessidade de proceder a uma revisão extraordinária daquele texto constitucional – procedimento que desabrocharia na 5ª revisão constitucional, aprovada pela Lei Constitucional nº 1/2001, de 12 de dezembro – que pudesse alterar-lhe o sen-

cional e perspetivas de futuro, Lisboa, 2001, pp. 634 e ss., *O Tribunal Penal Internacional: uma perspetiva de Direito Internacional e de Direito Constitucional*, in AAVV, *Estudos em Homenagem ao Prof. Doutor Joaquim Moreira da Silva Cunha*, Coimbra, 2005, pp. 417 e ss., e *Direito Internacional Penal...*, pp. 431 e ss.; Paula Escarameia, *Quando...*, pp. 149 e ss.; Jorge Miranda, *Curso...*, pp. 328 e 329; Fernando Araújo, *O Tribunal...*, pp. 84 e ss.; Vital Moreira, *O Tribunal Penal Internacional e a Constituição*, in AAVV, *O Tribunal Penal Internacional e a Ordem Jurídica Portuguesa*, Coimbra, 2004, pp. 19 e ss.

Para o mesmo problema no Brasil, v. João Irineu de Resende Miranda, *O Tribunal Penal Internacional e a Constituição Brasileira, AAVV, O Direito Constitucional Internacional após a Emenda 45/04 e os Direitos Fundamentais* (coord. de Eduardo Biacchi Gomes e Tarcísio Hardman Reis), São Paulo, 2007, pp. 201 e ss.

Para o mesmo problema em Angola, v. Carlos Feijó, *O Tribunal Penal Internacional e a Lei Constitucional de Angola*, in *Problemas Atuais de Direito Público Angolano – contributos para a sua compreensão*, São João do Estoril, 2001, pp. 45 e ss.

301 "Foi essa, aliás, a única motivação literalmente apresentada no projeto de resolução que viria a transformar-se na Resolução da Assembleia da República nº 27/2001, a qual dotaria o Parlamento português de poderes extraordinários de revisão constitucional". Cfr. Jorge Bacelar Gouveia, *Reflexões sobre a 5ª Revisão...*, p. 634.

302 Refletindo sobre homólogos problemas na ratificação do Estatuto de Roma do Tribunal Penal Internacional por parte de Angola, à luz do seu texto constitucional, Carlos Feijó, *O Tribunal Penal...*, pp. 45 e ss.

tido e, assim, permitir que a vinculação àquele tratado não escorregasse numa qualquer dúvida de constitucionalidade, ainda que essa mesma revisão tivesse sido aproveitada para efetuar outras cirúrgicas alterações na Constituição da República Portuguesa[303].

As opções que foram abstratamente colocadas relacionaram-se com o modo de contornar as eventuais objeções de inconstitucionalidade que surgiam quanto a várias questões:

- a pena de prisão perpétua como uma das penas possíveis a aplicar por crimes abrangidos pela jurisdição do Tribunal Penal Internacional;
- a extradição de pessoas do território português com vista à hipotética aplicação da pena de prisão perpétua;
- a elevada indeterminação da moldura da pena de prisão, podendo ir até 30 anos, numa valoração a fazer pelo Tribunal Penal Internacional;
- o caráter indeterminado e atípico de muitas prescrições penais, colocando em crise os princípios penais sagrados da tipicidade e da determinação da respetiva lei;
- a possibilidade de outras fontes – além da convenção – serem igualmente admitidas para a punição de crimes a julgar pelo Tribunal Penal Internacional;
- a irrelevância das imunidades constitucionais, ao contrário do que se afirma na Constituição da República Portuguesa.

O novo preceito que foi introduzido, para afeiçoar o texto constitucional ao texto do Estatuto de Roma do Tribunal Penal Internacional, passou a dizer que "Portugal pode, tendo em vista a realização de uma justiça internacional que promova o respeito pelos direitos da pessoa humana e dos povos, aceitar a jurisdição do Tribunal Penal Internacional, nas condições de complementaridade e demais termos estabelecidos no Estatuto de Roma"[304].

Lateralmente, também se fizeram pequenos ajustes no tocante ao preceito relativo ao regime da extradição, por forma a melhor acomodá-lo às

[303] Sobre o sentido geral desta 5ª revisão constitucional, v. JORGE BACELAR GOUVEIA, *Reflexões sobre a 5ª Revisão...*, pp. 631 e ss.

[304] Art. 7º, nº 7, da Constituição da República Portuguesa.

orientações decorrentes do Estatuto de Roma do Tribunal Penal Internacional, bem como à possibilidade de se intensificar a cooperação judiciária comunitária[305].

III. No seio das várias opções possíveis, o legislador da revisão constitucional acabou por perfilhar a solução da *cláusula geral de aceitação da jurisdição do TPI*, nos mesmos termos em que se encontra regulado pelo Estatuto de Roma do Tribunal Penal Internacional.

Pretendeu-se assim, de um modo genérico e fácil, como se de um ato de "mágica constitucional" se tratasse, colocar o Estauto de Roma do Tribunal Penal Internacional globalmente de acordo com o texto constitucional, evitando-se no futuro qualquer situação de conflito.

Pelo contrário, excluiu-se uma intervenção pontual nos diversos preceitos constitucionais que concretamente entrassem em colisão com os preceitos do Estatuto de Roma do Tribunal Penal Internacional, que certamente teria a enorme vantagem de ser mais eficaz na prevenção de uma potencial relação de incompatibilidade, mas também comportaria o inconveniente de ser menos segura na abrangência com que se pretendia fazer descer o manto da constitucionalidade sobre o Estatuto de Roma do Tribunal Penal Internacional[306].

A partir do aditamento que foi realizado no art. 7º da Constituição da República Portuguesa, que se transcreveu, passou a constar do texto constitucional uma cláusula de receção interna do Tribunal Penal Internacional, que se pode apreciar de acordo com alguns parâmetros:

- a introdução da opção de permitir aceitar ou não aceitar o Tribunal Penal Internacional, sendo certo que nesta matéria a Constituição da República Portuguesa não quis obliterar a vontade de celebrar tratados internacionais, que entendeu atribuir aos órgãos da função política de poder público, exercida ao nível dos órgãos estaduais, não sendo ela própria a definitivamente constitucionalizar tal incorporação, a seguir o seu curso normal no âmbito da conclusão dos tratados internacionais por parte de Portugal;

305 Cfr. Jorge Bacelar Gouveia, *Reflexões sobre a 5ª Revisão...*, pp. 634 e 635.

306 Quanto a estas duas opções, tal como colocadas noutros Estados., v. a descrição de Vital Moreira, *O Tribunal Penal...*, pp. 15 e ss.

- a indexação teleológica da hipotética vinculação à jurisdição do Tribunal Penal Internacional sempre na perspetiva da realização de "... uma justiça internacional que promova o respeito pelos direitos da pessoa humana e dos povos";
- a remissão constitucional especificamente dirigida ao Estatuto de Roma do Tribunal Penal Internacional, na sua qualidade de tratado internacional formalmente fixado nas suas cláusulas, e em todo o respetivo clausulado.

IV. A observação dos termos da aceitação da jurisdição do Tribunal Penal Internacional realça *uma remissão que vale a título material*, na medida em que a Constituição da República Portuguesa se refere a um tratado específico – o Estatuto de Roma do Tribunal Penal Internacional – e não a qualquer outro regime, texto internacional que fica definitivamente relevante na sua conexão constitucional.

Esta é uma questão, porém, que não deixará de suscitar dúvidas na hipótese de mais tarde se adotar uma revisão do Estatuto de Roma do Tribunal Penal Internacional que venha a alterar substancialmente a sua identidade, uma vez que se pretendeu acolher um conteúdo material fixo, não tanto uma fonte que possa posteriormente modificar-se e continuar a ser assim relevante[307].

Mais complexa vem a ser a possibilidade de a nova cláusula constitucional poder ter operado a constitucionalização do Estatuto de Roma do Tribunal Penal Internacional, na medida em que se refere a aspetos intimamente associados a domínios constitucionais, como os direitos fundamentais.

Não é de crer que o art. 7º, nº 7, da Constituição da República Portuguesa seja, por si só, um fator de constitucionalização, pois que se limita a conferir à função política pública a faculdade de vincular o Estado a esse tratado, da sua parte arredando o obstáculo de uma inconstituciona-

[307] Vamos assim mais longe em relação à pergunta que deixáramos formulada. Cfr. Jorge Bacelar Gouveia, *Reflexões sobre a 5ª Revisão...*, p. 635. Contra, Vital Moreira, *O Tribunal Penal...*, p. 17.

lidade material que eventualmente surgisse, por se conservarem as restantes disposições constitucionais que aquele pudesse contrariar[308].

De tal não resulta que o Estatuto de Roma do Tribunal Penal Internacional seja insuscetível de constitucionalização: isso acontecerá, no entanto, não por este preceito, mas através da cláusula aberta de direitos fundamentais atípicos, se e enquanto os respetivos pressupostos forem respeitados.

A partir de agora, foi o texto constitucional que se harmonizou ao Estatuto de Roma do Tribunal Penal Internacional, ainda que o tivesse proclamado em nome do respeito pelos direitos fundamentais das pessoas.

V. Com surpresa, a análise do preceito que foi redigido pode bem conduzir a um resultado altamente perverso e que, em próxima revisão constitucional, só tem de ser corrigido: uma permissão de vinculação internacional a um tratado que, no fim de contas, vem confrontar o texto constitucional com um conjunto de contradições internas, que não ficam assim resolvidas.

O apelo à ratificação do Estatuto de Roma do Tribunal Penal Internacional não deixa de ser altamente inconciliável com um importante conjunto de disposições e de princípios constitucionais, que se julga ter superado exatamente por via da criação do art. 7º, nº 7, da Constituição da República Portuguesa. E este resultado é tanto mais grave quanto é certo afirmar-se que o apelo ao Estatuto de Roma do Tribunal Penal Internacional é feito com vista à "...realização de uma justiça internacional que promova o respeito pelos direitos da pessoa humana e dos povos".

Quais são, então, os aspetos que determinam a inadmissibilidade constitucional do Estatuto de Roma do Tribunal Penal Internacional, ao contrário do que pretendeu o novo art. 7º, nº 7, da Constituição da República

[308] Como tivemos ocasião de escrever, "Se a intenção era vincular o texto constitucional – e, por maioria de razão, o restante Ordenamento Jurídico Português – a tal tratado, essa revelou-se uma intenção estéril, pois que o texto constitucional não fica sujeito à adoção desse procedimento. Expressamente se diz no novo artigo 7º, nº 7, que "pode" – isso depende da vontade dos órgãos que intervêm na fase de conclusão interna dos tratados internacionais na Ordem Jurídica Portuguesa". Cfr. Jorge Bacelar Gouveia, *Reflexões sobre a 5ª Revisão...*, p. 636.

Portuguesa, que assim se inscreve numa nova categoria de disposições, que são as "disposições de ilusão constitucional"?

- a *pena de prisão perpétua*;
- o *princípio da legalidade criminal*;
- as *imunidades constitucionais dos políticos*; e
- a *complementaridade jurisdicional*[309].

VI. No plano da Constituição Penal, o texto constitucional português é certamente um dos mais ricos do Mundo, consagrando importantes e modernas orientações na matéria.

Uma das mais relevantes, que também se insere no nosso património civilizacional, juntamente com a da abolição da pena de morte, é a da *proscrição da prisão perpétua*, o que o texto constitucional faz em dois momentos distintos:

- "Não pode haver penas nem medidas de segurança privativas ou restritivas da liberdade com caráter perpétuo ou de duração ilimitada ou indefinida"[310];
- "Só é admitida a extradição por crimes a que corresponda, segundo o direito do Estado requisitante, pena ou medida de segurança privativa ou restritiva da liberdade com caráter perpétuo ou de duração indefinida, em condições de reciprocidade estabelecidas em convenção internacional e desde que o Estado requisitante ofereça garantias de que tal pena ou medida de segurança não será aplicada ou executada"[311].

Na tentativa de contornar essa proibição, a Constituição da República Portuguesa passou a admitir, *a contrario sensu*, a possibilidade da entrega judicial fora dos casos em que se dá a proibição da extradição havendo prisão perpétua ou pena corporal que provoque lesões irreversíveis na integridade física. O certo, porém, é que o texto da Constituição da Repú-

[309] Também levantando alguns pontos de dúvida, mas não detetando problemas de constitucionalidade, Vital Moreira, *O Tribunal Penal...*, pp. 20 e ss.

[310] Art. 30º, nº 1, da Constituição da República Portuguesa.

[311] Art. 33º, nº 4, da Constituição da República Portuguesa.

blica Portuguesa manteve aquelas duas relevantes disposições que condenam a prisão perpétua.

Entra pelos olhos dentro que existe aqui uma relação de incompatibilidade, que não pode ser resolvida por uma autocontenção do Estatuto de Roma do Tribunal Penal Internacional, que precisamente pretende atuar na uniformização das penas aplicáveis, sendo certo que a complementaridade é limitada.

Noutra perspetiva, é também despropositado dizer que as penas do Estatuto de Roma do Tribunal Penal Internacional não são abrangidas pelas normas constitucionais que impedem a prisão perpétua: com a ratificação, e agora com a permissão constitucional direta, não ficam essas normas internacionais a integrar a ordem jurídica portuguesa, até para empenhar o Estado Português na repressão dos crimes internacionais que são confiados à jurisdição do Tribunal Penal Internacional? Só um exercício de "esquizofrenia constitucional" – que não é para todos e que também não será para nós – é que poderia alguma vez admitir "duas velocidades" no Direito Penal, o interno sem prisão perpétua, e o internacional admitindo-a, como se o mundo da punição do Direito Internacional se pudesse sujeitar a regras diametralmente opostas àquelas que são boas e justas no Direito Constitucional.

Do mesmo modo é improcedente o argumento – que tem tanto de ingénuo quanto de cínico, para além de só ter valia numa ótica fáctica das relações internacionais, cuja atividade científica se distingue bem da Ciência do Direito Constitucional e da Ciência do Direito Internacional – segundo o qual a pena de prisão perpétua não seria aplicável porque haveria sempre um mecanismo de reexame de pena, ao fim do período de 25 anos[312].

Quanto a esta perspetiva, basta lembrar que não se está perante um qualquer direito material à não aplicação da pena de prisão perpétua, através da sua redução, mas apenas de um direito procedimental no sentido de a situação do recluso poder ser reapreciada, podendo manter-se

[312] Cfr. o art. 110º do Estatuto de Roma do Tribunal Penal Internacional. Argumento invocado, *v.g.*, por VITAL MOREIRA (*O Tribunal Penal...*, p. 24), ao referir como "atenuante" que "...o facto de no próprio contexto do Estatuto do TPI essa pena ser uma punição de última instância, estando por outro lado sujeita a revisão obrigatória ao fim de 25 anos para efeitos de eventual redução...".

a condenação no formato da prisão perpétua, pois que, nos termos do Estatuto de Roma do Tribunal Penal Internacional, o "...Tribunal poderá reduzir a pena..."[313], a tanto não estando nunca obrigado.

VII. Outro domínio extremamente relevante diz respeito ao modo como o texto constitucional limita a formulação, pelo legislador ordinário ou internacional, das normas penais incriminadoras, numa relevante orientação, agora no domínio da Teoria da Lei Penal: o *princípio da legalidade criminal.*

Eis um princípio que, todavia, se pode aceitar com diversos corolários, de entre eles se assinalando os seguintes[314]:

- a exclusividade da fonte legal;
- o princípio da não retroatividade;
- o princípio da tipicidade;
- o princípio da determinação.

A verdade, porém, é que a vinculação ao Estatuto de Roma do Tribunal Penal Internacional não evita que muitas dessas garantias sejam atropeladas. Basta ler aquele documento e aí deparar com disposições que são normas penais em branco ou normas penais de incidência que contêm conceitos indeterminados e cláusulas gerais, para além de admitirem tipologias exemplificativas ou fontes penais costumeias[315].

VIII. Matéria em que ainda se regista uma difícil compatibilidade entre o texto constitucional e o Estatuto de Roma do Tribunal Penal Internacional diz respeito ao *regime das imunidades constitucionais dos titulares dos cargos públicos.*

Sabe-se que o Estatuto de Roma do Tribunal Penal Internacional estabelece a irrelevância geral dessas imunidades internas, enfaticamente prescrevendo que "As imunidades ou normas de procedimento especiais decorrentes da qualidade oficial de uma pessoa, nos termos do Direito

[313] Art. 110º, nº 4, proémio, do Estatuto de Roma do Tribunal Penal Internacional.

[314] Cfr. os arts. 29º e ss. da Constituição da República Portuguesa.

[315] Cfr. Jorge Bacelar Gouveia, *Reflexões sobre a 5ª Revisão...*, p. 638.

interno ou do Direito Internacional, não deverão obstar a que o Tribunal exerça a sua jurisdição sobre essa pessoa"[316].

Só que este é um resultado que pode revelar-se excessivo do ponto de vista da defesa do estatuto do poder público. Essas imunidades existem de um modo geral[317] – tanto na veste da irresponsabilidade como na veste da inviolabilidade – e até ao momento, a despeito de os seus contornos poderem ser alvo de reponderação, ninguém ousou dizer que elas são dispensáveis ou que estão a mais no sistema democrático.

Por outra parte, no caso da prática de crimes, está previsto um procedimento que visa o seu levantamento, que é assim totalmente ignorado[318], e que também deveria ter sido considerado naquela disciplina, que se apresenta divorciada de um instituto secular de Direito Constitucional.

IX. Cumpre finalmente referir a configuração do *princípio da complementaridade da jurisdição do Tribunal Penal Internacional,* especificamente referido no art. 7º, nº 7, da Constituição da República Portuguesa, que é um dos pilares da lógica inerente ao funcionamento daquela novel instituição judicial internacional.

A complementaridade do Tribunal Penal Internacional estriba-se no facto de os crimes internacionais, em que é competente, não serem julgados no plano do Direito Interno ou, sendo-o, o resultado não ser considerado devidamente justo.

É a segunda modalidade referida, pelo menos, a que suscita a maior das reservas, tolhendo um dos princípios basilares do Estado de Direito, que é o *princípio da independência do poder judicial e, mais especificamente, o princípio do caso julgado.*

[316] Art. 27º, nº 2, do Estatuto de Roma do Tribunal Penal Internacional, sendo o nº 1 daquele mesmo artigo ainda mais explícito: "O presente Estatuto será aplicável de forma igual a todas as pessoas, sem distinção alguma baseada na qualidade oficial. Em particular, a qualidade oficial de Chefe de Estado ou de Governo, de membro de Governo ou do Parlamento, de representante eleito ou de funcionário público em caso algum eximirá a pessoa em causa de responsabilidade criminal, nos termos do presente Estatuto, nem constituirá de per si motivo de redução de pena".

[317] Cfr. os arts. 130º, 157º e 196º da Constituição da República Portuguesa, respetivamente, para o Presidente da República, para a Assembleia da República e para o Governo.

[318] Cfr. JORGE BACELAR GOUVEIA, *Reflexões sobre a 5ª Revisão...*, p. 639.

Se aceitássemos a complementaridade acima referida, deveríamos suportar o resultado de os acórdãos proferidos pelos nossos tribunais poderem ser desconsiderados pelo Tribunal Penal Internacional com base na alegação de que a justiça portuguesa não tinha sido boa ou eficiente.

Este é um resultado impossível de aceitar: se o princípio do caso julgado até pode ser resistente a alguns efeitos da invalidade por inconstitucionalidade, imagine-se o que seria admitir que pudesse baquear às mãos de uma jurisdição internacional, de nível infraconstitucional.

X. Detetadas estas diversas e graves situações de incompatibilidade material entre disposições constitucionais e disposições internacionais, alguns dirão que foi precisamente para as superar que se realizou a aceitação constitucional da jurisdição do Tribunal Penal Internacional.

Tal entendimento parece ser procedente no tocante às exigências de harmonização técnica que sempre decorrem de esquemas de judicialização das relações internacionais, não esquecendo, neste caso, todo o melindre que envolve o Direito Penal, numa ótica internacional, em que é preciso combinar e conciliar sistemas jurídico-internos tão diferenciados.

Só que neste caso se foi muito mais longe e *colocou-se em xeque a coerência material do Direito Constitucional Português*, que eleva à máxima proteção certos valores que considera supremos, na senda da nossa tradição, já muito antiga: e por muito que isso custe ao mais infrene dos internacionalistas, para quem certamente o próximo passo será abolir a própria realidade estadual, diluindo a Humanidade numa massa informe de pessoas sem ligações institucionais, sem história, sem pátria, sem língua, no fundo, sem aquilo que lhes dá a sua identidade e que nenhum poder pode suprimir.

Do que verdadeiramente se tratou nesta revisão constitucional, nas alterações que ela impôs nos arts. 7º e 33º da Constituição da República Portuguesa, foi da ocorrência de uma *gravíssima quebra valorativa ou de uma autorrutura material da ordem constitucional*[319].

Somos mesmo da opinião de que *algumas das alterações constitucionais efetuadas são inconstitucionais*[320], *abalando não só normas e princípios constitu-*

[319] Cfr. Jorge Bacelar Gouveia, *Reflexões sobre a 5ª Revisão...*, p. 639.

[320] Aceitando a inconstitucionalidade de normas constitucionais supervenientes, sendo esse o caso claro da cláusula do art. 7º, nº 7, da Constituição da República

cionais originários como essencialmente ofendendo valores transcendentes, em relação aos quais os textos constitucionais são unicamente declarativos e não constitutivos.

Pelo que só resta proceder à sua eliminação da nossa ordem constitucional[321], na esperança de que uma futura e corajosa intervenção do Tribunal Constitucional Português resolva definitivamente o problema[322].

Portuguesa, nalguns dos seus sentidos, JORGE BACELAR GOUVEIA, *O estado de exceção...*, II, pp. 1484 e ss.

321 Cfr. JORGE BACELAR GOUVEIA, *Reflexões sobre a 5ª Revisão...*, p. 640.

322 Só podemos veementemente contestar a conclusão de VITAL MOREIRA (*O Tribunal Penal...*, p. 34), para quem não se verifica qualquer problema de violação dos limites materiais de revisão constitucionais, porque "Apesar de tudo, a prisão perpétua não é a pena de morte...", ainda invocando que a prisão perpétua não está protegida contra o estado de exceção, argumento tanto mais inoperativo quanto é certo o estado de exceção ser de feição extraordinária, além de inaplicável porque transitório, ao contrário da prisão perpétua, a mais definitiva das penas.

Mas a razão profunda para repudiarmos este entendimento "pouco amigo dos direitos fundamentais" radica na conceção transpersonalista que lhe está subjacente, acreditando que a pessoa humana deve ser protegida, não tanto no seu caráter irrepetível, mas apenas enquanto "elo" de uma coletividade mais vasta, cujos interesses gerais, em certos casos, podem sacrificar os mais básicos e importantes valores individuais.

Num plano mais geral, esta posição do ilustre professor de Coimbra nem está sequer conforme com o sentido que – isoladamente ou em conjunto com J. J. GOMES CANOTILHO – tem atribuído à cláusula do art. 288º da CRP que "petrificaria" os direitos, liberdades e garantias, referindo-se a cada um deles e não meramente ao sistema geral, neste caso estando a proibição da aplicação da prisão perpétua claramente defendida não só por uma garantia específica como pelo direito à liberdade.

Não podemos deixar de recordar estas fortes palavras de VITAL MOREIRA (*Constituição e revisão constitucional*, Lisboa, 1980, p. 105) a propósito da cláusula de irrevisibilidade dos direitos, liberdades e garantias, dizendo que a mesma "...não proíbe que se toque nos artigos da Constituição que os garantem; proíbe que se eliminem ou se restrinjam os direitos atualmente reconhecidos na Constituição, mas não impede que se acrescentem outros". No mesmo sentido, J. J. GOMES CANOTILHO e VITAL MOREIRA, *Constituição...*, 3ª ed., pp. 1065 e 1066.

A respeito de vários problemas que se suscitam a este propósito, v. ainda JORGE BACELAR GOUVEIA, *O estado de exceção...*, I, pp. 599 e ss.

BIBLIOGRAFIA

AAVV – *As Teias do Terror – novas ameaças globais*, Lisboa, 2006
– *Terrorismo e Relações Internacionais*, Lisboa, 2006
– *Organizações Internacionais* (coord. de João Mota De Campos), 2ª ed., Lisboa, 2006
– *O Tribunal Penal Internacional e a transformação do Direito Internacional* (org. de João Manuel da Silva Miguel e Paulo Pinto de Albuquerque), Lisboa, 2007
– *Portugal e as operações de paz – uma visão multidimensional* (dir. de Adriano Moreira), Lisboa, 2009

Accioly, Elizabeth – *Sistema de solução de controvérsias em blocos económicos*, Coimbra, 2004

Agostinho, Santo – *Da Cidade de Deus*, III, Lisboa, 1995

Akehurst, Michael – *Introdução ao Direito Internacional*, Coimbra, 1985

Almeida, Francisco Ferreira de – *Direito Internacional Público*, 2ª ed., Coimbra, 2003

Almeida, Luís Crucho de – *Segurança Internacional*, in *Pólis.*, V, Lisboa, 1987

Altemir, António Blanc – *La violación de los derechos humanos fundamentales como crimen internacional*, Barcelona, 1990

Ambos, Kai – *Internationales Strafrecht*, München, 2006

Amorim, João de Campos – *O Tribunal Penal Internacional: um novo sistema de justiça universal*, in *Lusíada (Porto)*, nºs 1 e 2, 2001

Anello, Carolina Susana – *Corte Penal Internacional*, Buenos Aires, 2003

Aquino, São Tomás de– *Summa Theologiae*, vol. III, 3ª ed., Madrid, 1963

Araújo, Fernando – *O Tribunal Penal Internacional e o problema da jurisdição universal*, in *Revista da Faculdade de Direito da Universidade de Lisboa*, vol. XLIII, nº 1 de 2002

Arend, Anthony Clark/ Beck, Robert J. – *International Law & the use of force*, London, 1993

Ascensão, José de Oliveira – *O Direito – Introdução e Teoria Geral*, 11ª ed., Coimbra, 2001

Ascensio, Hervé/Maison, R. – *L'activité des Tribunaux Pénaux Inter-*

nationaux por l'ex-Yousgoslavie et pour le Rwanda, in *Annuaire Français de Droit International*, 1997

ASCENSIO, HERVÉ/PELLET, ALAIN – *L'activité du Tribunal Penal pour l'ex-Yougoslavie*, in *Annuaire Français de Droit International*, 1995

ASSUNÇÃO, MARIA LEONOR – *O Tribunal Internacional Penal o mito de Sísifo*, in RPDC, 1998
– *Apontamento sobre o crime contra a Humanidade*, in AAVV, *Estudos em Homenagem a Cunha Rodrigues*, Coimbra, 2001
– *TPI e lei penal e processual penal portuguesa*, in AAVV, *O Tribunal Penal Internacional e a Ordem Jurídica Portuguesa*, Coimbra, 2004

BATISTA, EDUARDO CORREIA – *Ius cogens em Direito Internacional*, Lisboa, 1997
– *O poder público bélico em Direito Internacional: o uso da força pelas Nações Unidas em especial*, Coimbra, 2003
– *Direito Internacional Público – sujeitos e responsabilidade*, II, Coimbra, 2004

BARRADO, CÁSTOR M. DÍAZ – *El Uso de la Fuerza en las Relaciones Internacionales*, Madrid, 1989

BARROSO, IVO MIGUEL – *O acordo com vista à prática de genocídio – o conceito, os requisitos e o fundamento da punição do «contrato criminal»*, in AAVV, *Estudos em Homenagem ao Professor Doutor Inocêncio Galvão Telles*, V, Coimbra, 2003

BASSIOUNI, M. CHERIF – *Introduction au Droit Pénal International*, Bruxelles, 2002

BAZELAIRE, JEAN-PAUL/CRETIN, THIERRY – *A Justiça Penal Internacional – sua evolução, seu futuro de Nuremberga a Haia*, São Paulo, 2004

BECK, ROBERT J. – v. AREND, ANTHONY CLARK

BECK, ULRICH – *La sociedade de riesgo mundial – em busca de la seguridad perdida*, Barcelona, 2008
– *Risk Society – Towards a New Modernity*, London, 2012

BÉLANGER, MICHEL – *Droit International humanitaire général*, 2ª ed., Paris, 2007

BELITSKY, BORIS – *International Space Law*, Honolulu, 2000

BETTATI, MARIO – *Le Droit des Organisations Internationales*, Paris, 1987
– *O direito de ingerência – mutação da ordem internacional*, Lisboa, 1997

BIAD, ABDELWAHAB – *Droit International humanitaire*, 2ª ed., Paris, 2006

BOISTER, NEIL – v. CRYER, ROBERT

BORGES, LEONARDO ESTRELA – *O Direito Internacional Humanitário: a proteção do indivíduo em tempo de guerra*, Belo Horizonte, 2006

BOUTRUCHE, THÉO – v. ROMERO, CESARE

BRANCO, ANTÓNIO GUÉVÈL – *O Tribunal Penal Internacional – Estatuto*, Lisboa, 2002

BRANDÃO, EDUARDO A. SERRA – *Novos conceitos de agressão em Direito Internacional*, in IDEM, *Um novo Direito do Mar*, Lisboa, 1984

BRIERLY, JAMES LESLIE – *Direito Internacional*, 4ª ed., Lisboa, 1979

BRINA, MARINA MARTINS DA COSTA – v. LIMA, RENATA MANTOVANI DE

BRITO, NUNO FILIPE – *Notas para o estudo da posição do indivíduo perante o Direito Internacional Público,* Lisboa, 1984

BRITO, WLADIMIR – *Tribunais Penais Internacionais – da arbitragem aos Tribunais Internacionais ad hoc,* in *Revista do Ministério Público,* nº 81, 2000

– *Tribunal Penal Internacional: uma garantia jurisdicional para a proteção dos direitos da pessoa humana,* in *Boletim da Faculdade de Direito da Universidade de Coimbra,* 2000

– *Direito Internacional Público,* Braga, 2003

– *Direito Consular,* Coimbra, 2004

– *A Guerra e a Segurança Internacional,* in *Scientia Iuridica,* t. LIX, 2010, nº 323

BUERGENTHAL, THOMAS/MURPHY, SEAN D. – *Public International Law,* 4ª ed., Saint Paul, 2007

BULL, HEDLEY – *The Anarchical Society: a study of Order in World Politics,* New York, 1977

CAEIRO, PEDRO – *Claros e escuros de um autorretrato: breve anotação à jurisprudência dos Tribunais Penais Internacionais para a antiga Jugoslávia e para o Ruanda sobre a própria legitimação,* in AAVV, *Direito Penal Internacional para a proteção dos direitos humanos,* Lisboa, 2003

CAMPINOS, JORGE – *O Direito Internacional dos Direitos do Homem – textos básicos,* Coimbra, 1984

CARCELÉN, MARTÍN C. ORTEGA – *La legítima defesa del territorio del Estado,* Madrid, 1991

CARMONA, MAFALDA RAMOS/SILVA, MARIA DE FÁTIMA B./VIEIRA, MARIA INÊS ALVES/FIGUEIREDO, SUSANA VITAL – *Direito de intervenção humanitária,* in *Revista Jurídica da Associação Académica da Faculdade de Direito de Lisboa,* nº 20, novembro de 1996

CARRIÓN, ALEJANDRO J. RODRÍGUEZ – *Leciones de Derecho Internacional Público,* 3ª ed., Madrid, 1994

CARVALHO, PEDRO RAPOSO DE MEDEIROS – *Nações Unidas – um ator na resolução dos conflitos,* Lisboa, 2003

CASSESE, ANTÓNIO – *Article 51,* in AAVV, *La Charte des Nations Unies* (dir. de JEAN-PIERRE COT e ALAIN PELLET), 2ª ed., Paris, 1991

– *International Law in a divided world,* Oxford, 1994

– *Los derechos humanos en el mundo contemporáneo,* Barcelona, 1993

– *International Law,* Oxford, 2003

– *International Criminal Law,* New York, 2003

CASTRO, PAULO CANELAS – *De quantas cartas se faz a paz internacional?,* in AAVV, *75 anos da Coimbra Editora,* Coimbra, 1998

CAUPERS, JOÃO – *Direito Internacional Público II – Sumários,* Lisboa, 1988

CHAUMONT, CHARLES – *Organização das Nações Unidas,* Oeiras, 1992

CHENG, BIN – *Studies in International Space Law,* Oxford, 2004

CORREIA, JOSÉ DE MATOS – *Tribunais penais internacionais – coletânea de textos,* Lisboa, 2004

COSTA, ALBERTO – *Tribunal Penal Internacional,* Lisboa, 2002

CRAWFORD, JAMES – *The drafting of the Rome Statute*, in AAVV, *From Nuremberg to The Hague – the future of international criminal justice* (ed. de PHILIPPE SANDS), Cambridge, 2003

CRETIN, THIERRY – v. BAZELAIRE, JEAN-PAUL

CRYER, ROBERT/BOISTER, NEIL – *The Tokyo International Military Tribunal: A Reappraisal*, Oxford, 2008

CUNHA, JOAQUIM DA SILVA – *Direito Internacional Público – relações internacionais*, II, Lisboa, 1990
– *Formação e evolução do Direito Internacional – os ventos de mudança*, in *Nação e Defesa*, XV, nº 53, Janeiro-Março de 1990

CUNHA, JOAQUIM DA SILVA/PEREIRA, MARIA DA ASSUNÇÃO DO VALE – *Manual de Direito Internacional Público*, 2ª ed., Coimbra, 2004

D' ÁVILA, FILIPE LOBO – *Uma Justiça Penal Internacional sem os Estados Unidos da América*, in *Nação e Defesa*, nº 113, Primavera de 2006

DELGADO, JOSÉ MANUEL AVELINO DE PINA – *A Carta das Nações Unidas e a legalidade das intervenções humanitárias unilaterais*, in *Direito e Cidadania*, ano V, nºs 16/17, setembro de 2002 a abril de 2003, Praia
– *Legítima defesa e antecipação no Direito Internacional – desenvolvimentos recentes*, in *Revista de Direito Público*, nº 2, julho-dezembro de 2009

DELGADO, JOSÉ MANUEL PINA/TIUJO, LIRIAM KIYOMI – *Tribunais penais internacionais*, in AAVV, *Tribunais internacionais – mecanismos contemporâneos de solução de controvérsias* (org. de WELBER BARRAL), Florianópolis, 2004

DIEDERIKS-VERSCHOOR, I. H. PH – *An Introduction to Space Law*, 2ª ed., The Hague/London/Boston, 1999
– *An Introduction to Air Law*, 7ª ed., The Hague/London/New York, 2001

DINH, NGUYEN QUOC/DAILLIER, PATRICK/PELLET, ALAIN – *Droit International Public*, 7ª ed., Paris, 2002

DOBELLE, JEAN-FRANÇOIS – *La convention de Rome Portant Statut de la Cour Pénale Internationale, Annuaire Français de Droit International*, 1998

DOMÍNGUEZ, ANA CRISTINA ANDRÉS – *Derecho Penal Internacional*, Valencia, 2006

DUARTE, MARIA LUÍSA – *A teoria dos poderes implícitos e a delimitação de competências entre a União Europeia e os Estados-membros*, Lisboa, 1997

DUGARD, JOHN – *International Law*, Cape Town, 1994

DUPUY, PIERRE MARIE – *Droit International Public*, Paris, 1992

DUPUY, RENÉ-JEAN – *Direito Internacional*, Coimbra, 1993

ESCARAMEIA, PAULA V. C. – *Reflexões sobre Temas de Direito Internacional*, Lisboa, 2001
– *Quando o mundo das soberanias se transforma no mundo das pessoas: o Estatuto do Tribunal Penal Internacional e as Constituições nacionais*, in *Revista da Faculdade de Direito da Universidade Nova de Lisboa*, Lisboa, ano II, nº 3 de 2001

ESPADA, CESÁRIO GUTIÉRREZ – *El estado de necessidad y uso de la fuerza en Derecho Internacional,* Madrid, 1987

FEIJÓ, CARLOS – *O Tribunal Penal Internacional e a Lei Constitucional de Angola,* in *Problemas atuais de Direito Público Angolano – contributos para a sua compreensão,* São João do Estoril, 2001

FENWICK, CHARLES G. – *International Law,* 3ª ed., New York, 1952

FERNANDES, DAVID AUGUSTO – *Tribunal Penal Internacional: a concretização de um sonho,* Rio de Janeiro, 2006

FERREIRA, DINIZ – *Elementos de Aeronáutica Civil Nacional e Internacional,* Lisboa, 1952

FERREIRA, EDUARDO PAZ – *Valores e interesses – desenvolvimento económico e política comunitária de cooperação,* Coimbra, 2004

FERRO, MÓNICA – *As Administrações Transitórias das Nações Unidas e a construção do Estado de Timor Leste,* in *Revista Portuguesa de Instituições Internacionais e Comunitárias,* nº 4, 2º semestre de 2002, Lisboa, 2002

– v. RIBEIRO, MANUEL DE ALMEIDA

– v. GARCIA, FRANCISCO PROENÇA

FIERRO, GUILLERMO JULIO – *Ley penal y Derecho Internacional,* I, Buenos Aires, 2007

FIGUEIREDO, SUSANA VITAL – v. CARMONA, MAFALDA RAMOS

FREITAS, JOSÉ LEBRE DE – *Introdução ao processo Civil – conceito e princípios gerais,* Coimbra, 1996

FUKUYAMA, FRANCIS – *State Building – Governance and World Order in the Twenty-First Century,* London, 2004

FUR, LOUIS LE – *Des représailles en temps de guerre,* Paris, 1919

GARCIA, FRANCISCO PROENÇA/ FERRO, MÓNICA – *A Crise do Estado e a Segurança Internacional,* in *Revista de Direito e Segurança,* ano I, nº 1, Janeiro-Junho de 2013, Lisboa

GIALDINO, AGOSTINO CURTI – *Guerra (Diritto Internazionale),* in *Enciclopedia del Diritto,* XIX, Milano, 1970

GLASER, STEPHAN – *La guerre d'agréssion à la lumière des sources du Droit International,* in *Révue Générale de Droit International Public,* ano 57º, nº 3, Julho-Setembro de 1953

GODINHO, FABIANA DE OLIVEIRA – *A proteção internacional dos direitos humanos,* Belo Horizonte, 2006

GONÇALVES, JOANISVAL BRITO – *Tribunal de Nuremberg 1945-1946: a génese de uma nova ordem no Direito Internacional,* Rio de Janeiro, 2001

GOUVEIA, JORGE BACELAR – *O valor positivo do ato inconstitucional,* Lisboa, 1992

– *O direito de passagem inofensiva no nosso Direito Internacional do Mar,* Lisboa, 1993

– *O estado de exceção no Direito Constitucional – entre a eficiência e a normatividade das estruturas de defesa extraordinária da Constituição,* I e II, Coimbra, 1998

– *Reflexões sobre a 5ª Revisão da Constituição Portuguesa,* in AAVV, *Nos 25 anos da Constituição da República Portuguesa de 1976 – evolução constitucional e perspetivas de futuro,* Lisboa, 2001

– *Estado de guerra*, in *Dicionário Jurídico da Administração Pública*, 2º sup., Lisboa, 2001

– *O Tribunal Penal Internacional: uma perspetiva de Direito Internacional e de Direito Constitucional*, in *Juris Poiesis – Revista do Curso de Direito da Universidade Estácio de Sá*, ano 7, nº 6, 2004

– *O Tribunal Penal Internacional: uma perspetiva de Direito Internacional e de Direito Constitucional*, in AAVV, *Estudos em Homenagem ao Prof. Doutor Joaquim Moreira da Silva Cunha*, Coimbra, 2005

– *Ensinar Direito Internacional Público*, Coimbra, 2006

– *Direito Internacional Humanitário – Introdução e Textos Fundamentais*, Coimbra, 2006

– *Direito Internacional Penal – uma perspetiva dogmático-crítica*, Coimbra, 2008

– *Manual de Direito Internacional Público*, 3ª ed., Coimbra, 2011

– *Direito Constitucional de Timor-Leste*, Lisboa/Díli, 2012

– *O uso da força no Direito Internacional Público*, in AAVV, *Estudos em Comemoração do X Aniversário do Instituto Superior de Ciências Jurídicas e Sociais*, I volume (org. de Mário Pereira da Silva, Leão de Pina e Paulo Monteiro Júnior), Praia, 2012

– *Textos Fundamentais de Direito Internacional Público*, Coimbra, 2012

– *Direito, Religião e Sociedade no Estado Constitucional*, Lisboa, 2012

– v. QUADROS, FAUSTO DE

GRAMAJO, JUAN MANUEL – *El estatuto de la Corte Penal Internacional*, Buenos Aires, 2003

GRÓCIO, HUGO – *Del Derecho de presa – Del Derecho de la Guerra y Paz*, Madrid, 1987

GUEDES, ARMANDO M. MARQUES – *Direito Internacional Público*, 2ª ed., Lisboa, 1992

– *O Direito e a Guerra*, in AAVV, *A crise do Golfo e o Direito Internacional*, Porto, 1993

– *Direito Internacional Público*, in DJAP, 1º sup., Lisboa, 1998

– *Direito do Mar*, 2ª ed., Coimbra, 1998

GUERREIRO, ALEXANDRE TEIXEIRA NETO – *A resistência dos Estados Africanos à Jurisdição do Tribunal Penal Internacional*, Coimbra, 2012

GUGGENHEIM, PAUL – *Traité du Droit International Public*, II, Genève, 1954

HAROUEL-BURELOUP, VÉRONIQUE – *Traité de Droit Humanitaire*, Paris, 2005

HENKIN, LOUIS – *International Law: politics and values*, Dordrecht/Boston/London, 1995

HOBSBAWM, ERIC – *Globalização, Democracia e Terrorismo*, Lisboa, 2008

HOMEM, ANTÓNIO PEDRO BARBAS – *História das Relações Internacionais – o Direito e as conceções políticas na Idade Moderna*, Coimbra, 2003

HUET, ANDRÉ/KOERING-JOULIN, RENÉE – *Droit International Penal*, 2ª ed., Paris, 2002

JANUÁRIO, RUI – v. WILENSKY, ALFREDO HÉCTOR

JAUERNIG, OTHMAR – *Direito Processual Civil*, Coimbra, 2002

Kant, Immanuel – *Sobre la paz perpetua*, 5ª ed., Madrid, 1996
– *A Metafísica dos Costumes*, Lisboa, 2005
Kelsen, Hans – *Teoria Geral do Direito e do Estado*, São Paulo, 1990
Kennedy, Paul – *O Parlamento do Homem – História das Nações Unidas*, Lisboa, 2009
Klafkowski, Alfons – *Les formes de cessation de l'état de guerre en Droit International*, in *Récueil des Cours de l' Academie de Droit International*, I, 1976
Koering-Joulin, Renée – v. Huet, André
Kunz, Joseph – *Individual and collective self-defense in article 51 of the Charter of the United Nations*, in *American Journal of International Law*, 1947

Husek, Carlos Roberto – *Curso de Direito Internacional Público*, 6ª ed., São Paulo, 2006

Lage, Délber Andrade – *A jurisdicionalização do Direito Internacional*, Belo Horizonte, 2009
Lima, Lobo d'Ávila – *Da Sociedade das Nações*, Lisboa, 1927
Lima, Renata Mantovani de/Brina, Marina Martins da Costa – *O Tribunal Penal Internacional*, Belo Horizonte, 2006
Lins, Bruno Jorge Rijo Lamenha – *Segurança, Estado e Direitos Humanos: algumas reflexões acerca do direito humano à segurança sob a égide da sociedade ocidental contemporânea*, in AAVV, *Anais do XIX Encontro Nacional do CONPEDI*, Fortaleza, 2010
Lopes, José Alberto Azeredo – *Textos Históricos de Direito e Relações Internacionais*, Porto, 1999
– *Entre solidão e intervencionismo – direito de autodeterminação dos povos e reações de Estados terceiros*, Porto, 2003
– v. Martinez, Pedro Romano

Machado, João Batista – *Introdução ao Direito e ao Discurso Legitimador*, Coimbra, 1983
Machado, Jónatas E. M. – *Direito Internacional – do paradigma clássico ao pós-11 de setembro*, 3ª ed., Coimbra, 2003
Magalhães, José Calvet de – *Manual Diplomático*, 2ª ed., Lisboa, 1991
Maia, Elísio Borges – *Armas nucleares e Direito Internacional*, Coimbra, 2003
Maison, R. – v. Ascensio, Hervé
Maltez, José Adelino – *Curso de Relações Internacionais*, Cascais, 2002
Marchán, Jaime – *Derecho Internacional del Espacio – teoría y política*, 2ª ed., Madrid, 1990
Martinez, Pedro Romano/Lopes, José Alberto Azeredo – *Textos de Direito Internacional Público*, 6ª ed., Coimbra, 2000
Martins, João Filipe – *A ONU e os conflitos internacionais: os casos de Kosovo e de Timor-Leste sob o olhar atento do Ruanda*, in *Direito e Cidadania*, ano IV, nºs 10/11, julho de 2000 a fevereiro de 2001, Praia
Martins, Margarida Salema d'Oliveira/Martins, Afonso d'Oliveira – *Direito das Organizações*

Internacionais, I e II, 2ª ed., Lisboa, 1996

MATTE, NICOLAS MATEESCO – *Droit Aérospatial,* Montréal/Paris, 1982

MATTOS, ADHERBAL MEIRA – *Direito Internacional Público,* 2ª ed., Rio de Janeiro/São Paulo, 2002

MAZZUOLI, VALÉRIO DE OLIVEIRA – *Curso de Direito Internacional Público,* São Paulo, 2006

MELLO, CELSO D. DE ALBUQUERQUE – *Curso de Direito Internacional Público,* II, 2ª ed., Rio de Janeiro/São Paulo, 1974

MENDES, JOÃO DE CASTRO – *História do Direito Romano,* Lisboa, 1958

– *Introdução ao Estudo do Direito,* Lisboa, 1984

– *Direito Processual Civil,* I, Lisboa, 1986

MESQUITA, MARIA JOSÉ RANGEL DE – *Direito Internacional Penal e Ordem Jurídica Portuguesa,* Lisboa, 2006

– *Justiça Internacional – Lições,* Lisboa, 2010

MIGUEL, JOÃO MANUEL DA SILVA – *Tribunal Penal Internacional: o após Roma e as consequências da ratificação,* in *Revista do Ministério Público,* ano 22, Abril-Junho de 2001, nº 86

MIRANDA, JOÃO IRINEU DE RESENDE – *O Tribunal Penal Internacional e a Constituição Brasileira,* AAVV, *O Direito Constitucional Internacional após a Emenda 45/04 e os Direitos Fundamentais* (coord. de EDUARDO BIACCHI GOMES e TARCÍSIO HARDMAN REIS), São Paulo, 2007

MIRANDA, JORGE – *Curso de Direito Internacional Público,* 3ª ed., Cascais, 2006

MONACO, RICCARDO – *Manuale di Diritto Internazionale Pubblico,* 2ª ed., Torino, 1985

MONCADA, ANTÓNIO CABRAL DE – *Curso de Direito Internacional Público,* I, Coimbra, 1996

MOREIRA, ADRIANO – *Direito Internacional Público,* Lisboa, 1983

MOREIRA, VITAL – *Constituição e revisão constitucional,* Lisboa, 1980

– *O Tribunal Penal Internacional e a Constituição,* in AAVV, *O Tribunal Penal Internacional e a Ordem Jurídica Portuguesa,* Coimbra, 2004

MUBIALA, MUTOY – *Le système régional africain de protection des droits de l'homme,* Bruxelles, 2005

MURPHY, SEAN D. – v. Buergenthal, Thomas/

MURTY, B. S. – *Solución de las controversias,* in AAVV, *Manual de Derecho Internacional Público* (ed. por MAX SORENSEN), Cidade do México, 1985

OLIVEIRA, ARIANA BAZZANO DE – *Desenvolvimento e Segurança: uma relação necessária?,* in AAVV, *II Seminário Nacional de Sociologia & Política,* IV, Curitiba, 2010

OVERY, RICHARD – *The Nuremberg trails: International Law in the making,* in AAVV, *From Nuremberg to The Hague – the future of international criminal justice* (ed. de PHILIPPE SANDS), Cambridge, 2003

PALLIERI, GIORGIO BALLADORE – *Diritto Internazionale Pubblico,* 8ª ed. Milano, 1962

PALMA, MARIA FERNANDA – *Tribunal Penal Internacional e Constituição*

Penal, in *Revista Portuguesa de Ciência Criminal*, 2001
Paulus, Andreas L. – *Do Direito dos Estados ao Direito da Humanidade? – a instituição de um Tribunal Penal Internacional e o desenvolvimento do Direito Internacional*, in AAVV, *Direito Penal Internacional para a proteção dos direitos humanos*, Lisboa, 2003
Pellet, Alain – v. Ascensio, Hervé
Pedro, José García San – *Análisis jurídico del terrorismo*, in AAVV, *Terrorismo* (coord. de Adriano Moreira), Coimbra, 2004
Perassi, Tomaso – *L'ordinamento delle Nazioni Unite*, Padova, 1962
Pereira, André Gonçalves/Quadros, Fausto de – *Manual de Direito Internacional Público*, 3ª ed., Coimbra, 1993
Pereira, Maria da Assunção do Vale – *Algumas considerações acerca da proteção da mulher no Direito Internacional Humanitário*, in AAVV, *Estudos em Comemoração do Décimo Aniversário da Licenciatura em Direito da Universidade do Minho*, Coimbra, 2004
– *A intervenção humanitária no Direito Internacional Contemporâneo*, Coimbra, 2009
– v. Joaquim Da Silva Cunha
Peyrefitte, Léopold – *Droit de l'Espace*, Paris, 1993
Pinto, Maria do Céu – *As Nações Unidas e a manutenção da paz e as atividades de peacekeeping doutras organizações internacionais*, Coimbra, 2007
Pintos, Eduardo Vilariño – *Curso de Derecho Diplomático y Consular*, 2ª ed., Madrid, 2003
Piovesan, Flávia – *Direitos humanos e Justiça Internacional*, São Paulo, 2006
Pradelle, Albert de la – *La paix moderne (1899-1945)*, Paris, 1947
Prieto, José Luís Rodriguez-Villasante – *La justicia penal internacional y el Estatuto de Roma*, in *Direito e Cidadania*, ano IV, nºs 10/11, julho de 2000 a fevereiro de 2001, Praia

Quadros, Fausto de – *A Carta das Nações Unidas e Estatuto do Tribunal Internacional de Justiça – tradução e nota introdutória*, Lisboa, 1978
– v. Pereira, André Gonçalves
Quadros, Fausto de/Gouveia, Jorge Bacelar – *As Relações Externas de Portugal – aspetos jurídico-políticos*, Lisboa, 2001
Queiró, Afonso Rodrigues – *Guerra (Direito Internacional Público)*, in *Verbo – Enciclopédia Luso-Brasileira de Cultura*, 9º vol., Lisboa, 1977
– *Guerra – aspetos jurídicos*, in *Pólis*, III, Lisboa, 1985

Radbruch, Gustav – *Filosofia do Direito*, 6ª ed., Coimbra, 1979
Raimundo, Isabel – *Imperativo humanitário e não ingerência – os novos desafios do Direito Internacional*, Lisboa, 1999
Ramos, V. Grandão – *O Tribunal Penal Internacional e os tribunais penais «ad hoc»*, in *Revista da Faculdade de Direito da Universidade Agostinho Neto*, nº 5, Luanda, Dezembro de 2004
Reis, Palhares Moreira – *Sobre a guerra*, in *Revista de Informação Legis-*

lativa, ano 36, nº 144, Outubro--dezembro de 1999

RENTELN, ALISON DUNDES – *International Human Rights – universalism versus relativism*, Newbury Park/London/New Delhi, 1990

REUTER, PAUL – *Direito Internacional Público*, Lisboa, 1981

REZEK, JOSÉ FRANCISCO – *Direito Internacional Público – curso elementar*, 10ª ed., São Paulo, 2006

RIBEIRO, ANTÓNIO SILVA – *Teoria Geral da Estratégia – o essencial ao processo estratégico*, Coimbra, 2010

RIBEIRO, MANUEL DE ALMEIDA – *A Organização das Nações Unidas*, Coimbra, 1998

RIBEIRO, MANUEL DE ALMEIDA/SALDANHA, ANTÓNIO VASCONCELOS DE/FERRO, MÓNICA – *Textos de Direito Internacional Público – organizações internacionais*, 2ª ed., Lisboa, 2003

RIDRUEJO, JOSÉ A. PASTOR – *Curso de Derecho Internacional Público y Organizaciones Internacionales*, 3ª ed., Madrid, 1989

RIQUITO, ANA LUÍSA – *O Direito Internacional Penal entre o risco de Cila e o de Caríbdes*, in AAVV, *O Tribunal Penal Internacional e a Ordem Jurídica Portuguesa*, Coimbra, 2004

RODRIGUES, ALMIRO – *O Tribunal Penal Internacional para a ex-Jugoslávia e seus contributos para o Direito Penal Internacional*, in *Revista Portuguesa de Ciência Criminal*, nº 11, 2001

– *A justiça penal na transição de séculos*, *Lusíada Direito* (Lisboa), II Série, nº 1, Janeiro-Julho de 2003

RODRIGUES, ANABELA MIRANDA – *Princípio da jurisdição penal universal e Tribunal Penal Internacional – exclusão ou complementaridade?*, in AAVV, *Direito Penal Internacional para a proteção dos direitos humanos*, Lisboa, 2003

ROMERO, CESARE/BOUTRUCHE, THÉO – *Tribunaux pénaux internationalisés: état des lieux d'une justice hybride*, in *Révue Génerale de Droit International Public*, 2003

ROSA, ORIOL CASANOVAS Y LA – *El Derecho Internacional Humanitário en los conflictos armados*, in MANUEL DIEZ DE VELASCO, *Instituciones de Derecho Internacional Público*, 16ª ed., Madrid, 2007

– *El princípio de la prohibición del uso de la fuerza*, in MANUEL DIEZ DE VELASCO, *Instituciones de Derecho Internacional Público*, 16ª ed., Madrid, 2007

ROUSSEAU, CHARLES – *Droit International Public*, 10ª ed., Paris, 1984

ROUSSEAU, JEAN-JACQUES – *Escritos sobre la paz y la guerra*, Madrid, 1982

RUIZ, GAETANO ARANGIO – *Legittima difesa (Diritto Internazionale)*, in *Novissimo Digesto Italiano*, VI, Torino, 1960

SALDANHA, ANTÓNIO VASCONCELOS DE – v. RIBEIRO, MANUEL DE ALMEIDA

SAMBO, JOSÉ EDUARDO – *Os princípios processuais do Tribunal Penal Internacional*, in *Revista do Direito de Língua Portuguesa*, nº 1 de 2013

SANDS, PHILIPPE – *After Pinochet: the role of national courts*, in AAVV, *From*

Nuremberg to The Hague – the future of international criminal justice (ed. de PHILIPPE SANDS), Cambridge, 2003

SANTOS, SOFIA – *Die Reform des Sicherheitsrates des Vereinten Nationen und ihre Auswirkungen auf die internationale Ordnung,* Baden-Baden, 2011

– *O uso da força no Direito Internacional e os desafios do paradigma onusiano,* in *Revista da Faculdade de Direito da Universidade Federal de Minas Gerais,* nº 61, julho-dezembro de 2012

SARDINHA, JOSÉ MIGUEL – *O terrorismo e a restrição dos direitos fundamentais em processo penal,* Coimbra, 1989

SCHABAS, WILLIAM A. – *An Introduction to the International Criminal Court,* 2ª ed., Cambridge, 2004

SCHWEBEL, STEPHEN – *Agression, intervention and self-defense in modern International Law,* in *Récueil des Cours de l'Academie de Droit International,* nº 136, 1972

SHAW, MALCOLM N. – *International Law,* 5ª ed., Cambridge, 2003

SILVA, JOSÉ LUÍS MOREIRA DA – *Direito dos Conflitos Internacionais,* Lisboa, 2003

– *Direito do Mar,* Lisboa, 2003

SILVA, MARIA DE FÁTIMA B. – v. CARMONA, MAFALDA RAMOS

SILVA, MARIA MANUELA MAGALHÃES – *Princípios gerais do Direito Internacional do Desenvolvimento,* in AAVV, *Estudos em Homenagem a Joaquim M. da Silva Cunha,* Porto, 1999

SKUBISZEWSKI, KRZYSZTOF – *Use of force by States, collective security, law of war and neutrality,* in AAVV, *Manual of Public International Law* (org. de MAX SORENSEN), London, 1968

– *Uso de la fuerza por parte de los Estados,* in AAVV, *Manual de Derecho Internacional Público* (org. de MAX SORENSEN), Cidade do México, 1985

SOARES, ALBINO DE AZEVEDO – *Lições de Direito Internacional Público,* 4ª ed., Coimbra,1988

SOARES, MARIA BARROSO – *Cruz Vermelha,* Lisboa, 2002

SOUSA, NUNO E – *Curso de Direito Internacional Público,* Coimbra, 1991

STARKE, J. G. – *Introduction to International Law,* 10ª ed., London, 1989

SUÁREZ, SIMON PLANAS – *Tratado de Derecho Internacional Público,* II, Madrid, 1916

TAVERNIER, PAUL – *La experiencia de los Tribunales Penales Internacionales para ex-Yugoslávia e para Ruanda,* in *Révue Internationale de la Croix Rouge,* nº 144, 1997

TIUJO, LIRIAM KIYOMI – v. DELGADO, JOSÉ MANUEL PINA

TOMÉ, LUÍS L. – *Novo recorte geopolítico mundial,* Lisboa, 2004

TORIELLO, PIERLUIGI – *Guerra,* in *Novissimo Digesto Italiano,* apendix III, Torino, 1982

TOUSCOZ, JEAN – *Direito Internacional,* Lisboa, 1993

TRINDADE, ANTÓNIO AUGUSTO CANÇADO – *Princípios do Direito Internacional Contemporâneo,* Brasília, 1981

VABRES, HENRI DONNEDIEU DE – *Les principes modernes du Droit Pénal International,* Paris, 1928

VALENTE, MANUEL MONTEIRO GUEDES – *Terrorismo – fundamento de restrição de direitos?*, in AAVV, *Terrorismo* (coord. de ADRIANO MOREIRA), Coimbra, 2004

VECCHIO, GIORGIO DEL – *Direito e Paz (ensaios)*, Braga, 1968

VEIGA, PAULA – *Direito do Espaço Extraterrestre: nota sobre uma nova área do Direito*, in *Boletim da Faculdade de Direito da Universidade de Coimbra*, vol. LXXX, 2004

VELASCO, MANUEL DIEZ DE – *Las organizaciones internacionales*, 11ª ed., Madrid, 1999

– *Instituciones de Derecho Internacional Público*, 16ª ed., Madrid, 2006

VENTURA, CATARINA SAMPAIO – *O significado do Tribunal Penal Internacional para a ex-Jugoslávia na edificação de um sistema de justiça penal internacional*, in AAVV, *Direito Penal Internacional para a proteção dos direitos humanos*, Lisboa, 2003

VIANA, VÍTOR RODRIGUES – *Segurança coletiva – a ONU e as operações de apoio à paz*, Lisboa, 2002

VIEIRA, MARIA INÊS ALVES – v. CARMONA, MAFALDA RAMOS

VIRALLY, MICHEL – *Article 2 – Paragraphe 4*, in AAVV, *La Charte des Nations Unies* (dir. de JEAN-PIERRE COT e ALAIN PELLET), 2ª ed., Paris, 1991

WALDOCK, HUMPHREY M. – *The regulation of the use of force by individual States in International Law*, in *Récueil des Cours de l'Academie de Droit International*, nº 81, 1952

WERLE, GERHARD – *Principles of International Criminal Law*, The Hague, 2005

WILENSKY, ALFREDO HÉCTOR/JANUÁRIO, RUI – *Direito Internacional Público Contemporâneo*, Lisboa, 2003

ZANARDI, PIER LUIGI LAMBERTI – *La legittima difesa nel Diritto Internazionale*, Milano, 1972

ÍNDICE GERAL

CAPÍTULO III – DIREITO INTERNACIONAL DOS CONFLITOS ARMADOS

CAPÍTULO IV – DIREITO INTERNACIONAL HUMANITÁRIO

CAPÍTULO V – DIREITO INTERNACIONAL PENAL